「第10回日本パートナーシップ大賞」受賞事例集

「協働」は国を越えて

パートナーシップ・サポートセンター
岸田 眞代 編著

記念すべき「第10回日本パートナーシップ大賞」事例集の発行に寄せて

「第10回日本パートナーシップ大賞」の最終審査・表彰式は、11月30日に、PSC設立15周年記念シンポジウムと併せて中京大学ヤマテホールで行われました。

NPO発全国規模、しかも名古屋発という賞が10回も続いたのは他にはありません。この「パートナーシップ大賞事業」自体は決して利益を生み出すようなものではありません。その意味ではNPOだからこそ、NPOと企業の協働をミッションに掲げる私たちパートナーシップ・サポートセンター(PSC)だからこその事業、とも言えるかもしれません。が、それだけではなく、社会や時代を映し出す他にはないユニークな事業だからこそ、多くの人の感動を呼ぶものになったのだと思います。

第１回グランプリの「車いすの集配・はこび愛事業」(北海道)が関わるすべての人をハッピーにする協働の限りない可能性を示し、つづく第２回「地域メディアフル活用・NPO情報発信」(新潟)はNPOと企業の対等な関係を見事に証明し、第３回「ビーチクリーン作戦＆子ガメ放流会」(静岡)はたった１人の社員のボランティアが大企業を動かしたプロセスを示し、第４回「企業ができるこどもたちへの環境学習支援」(兵庫)はNPOに転じた元行政職員の企業巻き込み力を、第５回「点から線へ、線から面へのまちづくり」(滋賀)は協働の持つまちづくりのわくわく感を、第６回「地域社会の防災力向上に向けた協働」(大阪・東京)は遠く離れた両者の想いが一致した時の力強さを、第７回「モバイル型遠隔情報保障システム普及」(長野・東京・茨城)は、協働アイデアコンテストから企業・大学を巻き込みグランプリに導いた粘り強さを、第８回「子どもたちに給食を届ける、心のそしな」(京都・大阪)は１人の営業マンの無駄をなくしたいという真摯な行動を、第９回「まごコスメプロジェクト」(三重)は高校生を本気にさせ自社ブランドまで確立した中小企業の本気度を、第10回「フィデアのチャリティージャム」

は、日本人と結婚したタンザニア人女性の故国への一途な想いを、それぞれ実現してきました。

グランプリだけではありません。同点決勝になった第10回準グランプリの「チョコレートで児童労働をなくす協働事業」はじめ、多くの入賞事業が、全国のNPOと企業、そしてそれを取り巻く多様な組織や人を巻き込みつつ、多くの素晴らしい協働を実現してきたのです。そして、これらはすべて調査員による現地の取材調査によって、毎回書籍として世に送り出してきました。今回お届けする「第10回事例集」は、こうしたプロセスの上にできあがっています。

「協働」さらに「多様な主体による協働」が、言葉の上では当たり前になってはきたものの、現実はそう簡単に成功するものではありません。だからこそ、こうして私たちのところに寄せられた300近い協働事例は、貴重で重要で愛すべきものなのです。

そしてこの10年余、本事業に携わってきた運営委員（≒調査員）やスタッフ・ボランティアを含む私たちPSCは、この間、本事業のすばらしさをかみしめ、愉しくもあり、しかし一方で運営上の苦しい時期をも共有してきました。

10回は一区切り。私たちPSCの第一次役割は終えた、ということもできるでしょう。しかし、多くの声に励まされ、第11回以降も、改めて進める覚悟をせざるを得ませんでした。幸い、日本NPOセンターさんが力強く協働を申し出てくれ、「第11回日本パートナーシップ大賞」の共催が決まりました。新しい次なるステージで、また皆さま方とお目にかかりたいと存じます。

2014年９月吉日

特定非営利活動法人パートナーシップ・サポートセンター（PSC）

代表理事　岸田　眞代

Contents

第Ⅰ部

第10回
日本パートナーシップ大賞事例

case

1

第10回日本パートナーシップ大賞グランプリ・トヨタスマイル賞

「フィデアのチャリティージャム」事業

『フィデアの想い』が、長野・飯綱とタンザニアをつなぎ、子どもたちに夢をもたらす

NPO法人 ムワンガザ・ファンデーション	＋	株式会社サンクゼール

フィデアのチャリティージャム事業は、タンザニアの身寄りのない子どもたちを助けたいという、タンザニア出身の小林フィデアさんの想いに発しています。

フィデアさんが働く株式会社サンクゼール（以下、サンクゼール）は、フィデアさんのふるさとを思う気持ちを理解し、30周年を機に、彼女の作ったレシピでジャムを製造。この売上の一部をタンザニア支援に役立てるという協働が、タンザニアに夢をもたらしています。

ジャムを持つフィデアさん

フィデアさんが理事長のNPO法人ムワンガザ・ファンデーション（以下、ムワンガザ・ファンデーション）は、タンザニアでフィデアさんと出会い結婚した、長野県・飯綱町でリンゴ農家を営む小林一成さんが事務局長として支えている団体です。

1 ● 飯綱町を訪ねて

協働に至る経緯

魅力ある町

サンクゼールのレストラン、ショップ、ファクトリーを訪ねた日。空が広く、建物が点在し、リンゴ畑が見渡せる飯綱町は美しい町でした。坂道を登ったところにあるサンクゼールのデリカテッセンでは、ソー

セージの盛り合わせやワインが提供されていました。隣のショップでは敷地内の工場で作った自家製のジャムやワイナリーで醸造したワインなどが売られ賑わっています。

ここからさらに少し坂を登った先にあるレストランで働くフィデアさんとサンクゼールの物語です。

第10回日本パートナーシップ大賞グランプリを受賞した「フィデアのチャリティージャム」事業は、サンクゼールとNPO法人ムワンガザ・ファンデーションとの協働によって行われました。

協働を担うムワンガザ・ファンデーション

フィデアさんはタンザニアの出身。青年海外協力隊としてタンザニアを訪れた小林一成さんと1993年に出会い、1996年１月に結婚します。その２週間後、フィデアさんは一成さんとともに来日し、長野県で暮らすようになりました。

小林フィデアさんと夫の小林一成さん

その後、フィデアさんは、長野市内のカトリック教会でサンクゼールの久世社長夫人の友人に出会い、紹介されたことをきっかけに1996年にサンクゼールで働くことになりました。

フィデアさんは、レストランで配膳をしたり、お客さんの相談を受けたりして活躍しています。

フィデアさんは、長野県で暮らすなかで、日本とタンザニアの大きな経済格差、生活の違い、そこから生まれる差別を考えるようになりました。

タンザニアは日本の約2.5倍の面積に、約4000万人が住んでいます。ムワンガザ・ファンデーションのウェブページによれば、１日１米ドル未満で暮らす人の比率は88％で、最貧国のひとつとされています。

フィデアさんは、そこに暮らす子どもたちの厳しい毎日に想いをはせるようになりました。タンザニアでは、親をエイズで亡くすなど身寄りのない子どもが増えているのです。

フィデアさんの母親のレジーナさんも2000年にはタンザニアでNGO「ソンゲア女性と子どもの支援団体（SWACCO）」を設立。認可を受け、タンザニア南部ソンゲアにあるMji Mwema（祝福の町）地区で、親のいない子どもたちを支援する活動を行っていました。

フィデアさんは、SWACCOが支援するエイズ孤児や身寄りのない子どもたちのための施設を、タンザニア南部のソンゲア地域に建設し、運営することを目指します。施設で暮らすなかで孤児たちが自立できる体力と意欲、学力と就業技術を身につけることを考えての行動です。一人で生きることが容易いものではないタンザニアの人々にとって、助け合うことは当たり前のこと。タンザニアの子どもたちを救うことは「家族の夢」になっていきます。

フィデアさんはタンザニアに広がる大地を撮った写真を見ながら「私の人生は赤い土のためにある」と語りました。

サンクゼールとはどんな企業なのか

一方、サンクゼールは1979年に現在の久世良三社長によって創業されています。設立当時は株式会社斑尾高原農場という社名でした。1988年に現在の飯綱町に移転します。飯綱町に工場やワイナリーを持ち、ジャム・ワインその他食品の製造を行い、レストラン・売店等の直営を行い、全国各地にショップを展開している企業です。本社を含め、飯綱町で200人以上を雇用し、大いに地元に貢献しています。

サンクゼール久世社長

久世社長はキリスト教への深い信仰があり、企業理念にもその精神が盛り込まれています。毎週時間中に社員を敷地内の教会に集めてミサが行われています。

本事業において、久世社長を的確に支えているのが商品開発を担当する主任の丸山和子さんです。協働事業の概要をいきいきと説明してくれました。久世社長が事業について語るときにも、横に座った丸山さんに、細部の確認をする姿が印象的でした。実務的なことを、企業の方向性を十分に理解しながら進捗させる人の重要性を意識させられた時間でもありました。

2● フィデアさんが飯綱で動きはじめて

協働のきっかけ

フィデアさんは、まず個人として活動を始めます。1999年には、現地の80人にも増えた孤児たちの成長のため、パートとしてサンクゼールで働いて得られる賃金の一部を送ります。が、それだけでは足りません。タンザニアの子どもたちの現状を伝え、支援することの必要性を講演や募金活動という形で積極的に発信していきました。

そうした行動に感化されて、職場の同僚が募金や援助物資の提供を呼びかけ、衣料や日用品、文房具などの物資を送ってくれる人々もいます。講演先の学校でも、フィデアさんの熱心さに触れて、資金支援を行ってくれることもありました。

そうした活動を行うフィデアさんを、サンクゼールの久世社長は見ていました。行っていることの意義は明らかです。一方で、仕事中のフィデアさんが時に暗い顔をしていることにも気づきました。タンザニアの子どもたちの境遇への懸念。しっかりと仕事をしながらも、タンザニアのことを思い、仕事外で子どもたちへの支援を求めるための講演活動やチャリティ活動。元気なフィデアさんでも疲れがたまって当然です。そのうえ、フィデアさんはお金を稼ぐために、サンクゼールでのパートの他にラーメン店でも働き出します。

久世社長は「フィデアさんは『想いの人』だ」と述べています。久世社長はそのフィデアさんの想いを支えようと決めました。「このままではフィデアさんが体を壊してしまう。」そうした危惧を持った久世社長はフィデアさんに正社員として働くことを勧め、会社としてフィデアさんを支援することを伝えます。

3● ジャムを作ろう

協働の展開

タンザニアを思うレシピ

2009年には、サンクゼールの本業であるジャムを用いて、タンザニアの子どもたちを支援する事業、親を亡くしたタンザニアの子どもたちが、住み、学ぶことのできる施設を建て、運営することを可能にする事業が始まりました。

フィデアさんがタンザニアでも栽培しているフルーツを使ったジャム、「マンゴー&オレンジ」「パイナップル&パッションフルーツ」のレシピを考案します。サンクゼールはそのジャムを商品として製造し、販売します。ジャムの瓶にはタンザニアで使われている布の柄をモチーフとしたラベルが貼られました。

現在、1瓶500円で販売されたジャムのうちの100円は寄付であることを顧客に周知し、それにサンクゼールがマッチングギフトとして100円を加え、1瓶当たり200円が、タンザニアの子どもたちのために寄付される仕組みです。そのほかの資金も含め、今では年額で約300万円、累計では988万円(2013年10月現在)が支援されています。

久世社長をはじめとしてサンクゼールは、チャリティージャム事業をはじめとしたタンザニアの子どもたちを支援する事業の、継続性と透明性を実現するためにNPOを立ち上げることが望ましいと考え、フィデアさんと話し合います。

ムワンガザ・ファンデーションの設立

ムワンガザ・ファンデーションは2010年3月30日に設立されました。フィデアさん、一成さん、久世社長、丸山さんに加え、市職員だった人、テレビ局の人、ピアノの先生、地域で商店を営む人、県職員が理事になって発足しました。当初はサンクゼールが事務局機能も果たしました。

ムワンガザ・ファンデーションのムワンガザとは、タンザニアの公用語スワヒリ語で「光」という意味です。孤児たちが希望の光を見失わないようにという願いが込められました。

NPOとなったことによって、組織的な活動が可能になり、フィデアさん個人の活動ではできなかったこともできるようになります。

こうして、チャリティージャム事業は、ムワンガザ・ファンデーションとサンクゼールの協働事業となりました。

しかし、NPOになったことはフィデアさんにとっていいことばかりではありませんでした。フィデアさんは「想い」の人。とはいえ、組織は「想い」だけでは動きません。組織マネジメントには数字や記録が必要です。寄付をしてくれる人、商品を購入してくれる人の納得を得るためにも数字は重要です。時に、フィデアさんは焦ります。「私は子どもたちを早く助けたい。なぜ、急がないの。」

NPOという組織の力をしっかりと使おうとする久世社長たち。想いを込めて走らなくてはというフィデアさん。そうした認識のずれを、意見交換のなかで、1つひとつ解消しながら、フィデアのチャリティージャムは成長していきました。

「仕掛け」としてのジャム

サンクゼールはチャリティージャムを商品として、しっかり流通の管理を行います。どこで、どの種類のジャムが、どれだけ売れたのか、そうした分析を基礎として、ジャムの販売を促進させてもいます。全国の店舗では、フィデアのチャリティージャムのコーナーを設け、タンザニアの孤児院の写真を掲示するなどして販売しています。募金箱も置かれています。

店舗に置かれたジャムと資料

しかし、フィデアのチャリティージャムは単なる商品にとどまらず、販売の「仕掛け」であり、宣伝する「メディア」であるということもできるでしょう。チャリティージャムはムワンガザ・ファンデーションとサンクゼール双方の想い、葛藤を乗り越えた成果を伝える力となり、購入した人々に、タンザニアの子どもたちへの想像力を促すこととなります。

4● それぞれに得た「かけがえのないもの」

協働がもたらしたもの

フィデアが得た「新しい家族」

チャリティージャムの寄付により、タンザニアの孤児たちが毎日温かい食事と住居を得られるようになり、2011年には孤児院の建設が始まりました。まず井戸を掘り、飲み水を確保。次いでレンガを積み上げた全長640m のフェンス。2013年秋にはさらに新しい孤児院の建設が行われています。新しい施設の名称は Kijiji Chema「祝福の村」。ソンゲア郊外Mwenge Mshindo地区にあります。地域住民による建設作業は多くの雇用も生んでいます。

チャリティージャム事業でタンザニアの子どもたちは安心・健康な生活を得ようとしています。では、ムワンガザ・ファンデーション理事長

タンザニアで支援を待つ子どもたち

のフィデアさんが得たものは何でしょうか。

フィデアさんは「新しい家族」だと語っています。常に平穏ばかりではない協働事業の経過の中で、フィデアさんは愛する夫である一成さんだけではなく、久世社長、丸山さん、そうした人々にとどまらないサンクゼールの社員のみんなを「新しい家族」として考えるようになったのです。

「タンザニアでは家族は助け合うもの」。フィデアさんの言葉を改めて思い出します。

サンクゼールが得た「信頼」

チャリティージャム事業はサンクゼールによるムワンガザ・ファンデーションへの一方的な支援ではありません。サンクゼールが得た最も大きなものは「信頼」と言えるでしょう。

サンクゼールはチャリティージャム事業を行うことによって、地方自治体からの信頼、国からの信頼、国際的な信頼を獲得しました。

久世社長はその信頼を基礎とした会社を「Respectable Company」（尊敬されうる企業）と述べています。

久世社長が地域や国の多様な役職に推されることも増えました。タンザニア大使のサンクゼール訪問や大統領夫妻と面会することによって、信頼はさらに高まり、尊敬される企業となることを可能としました。

サンクゼールが得たものはそれだけではありません。社員のモチベーション。企業にとって社員は最大の財産です。価値を生み出すのは社員の力です。その社員が、タンザニアの子どもたちを支援するフィデアさんを見て、そのフィデアさんを応援する自分の会社を意識することによって「この企業で働くこと」の価値を感じます。

社員にはフィデアさんの「ファン」と言ってもいいような人々も現れてきます。フィデアさんを応援することで尊敬されるべき企業に関わることができているという想いも生まれます。

共感がもたらすもの

社員のモチベーションをアップし、Respectable Companyとなることで、サンクゼールという企業は、共感という財産を獲得します。

共感を財産とすることで社員、顧客の行動を促した企業の存在は、地域にとっても重要な意味を持ちます。企業が発展することで雇用という社会的な価値を作ります。地域に根差した企業は地域で生産されたものの活用を促し、経済的な価値を作ります。魅力ある企業となることで地域の差別的優位性の要素を作りだすのです。

そして、サンクゼールという企業の存在は、地域にとっての価値となり得ます。その価値を支えるのが、ムワンガザ・ファンデーションというNPOとの協働です。

NPOと企業の優れた協働、それによる社会的課題の解決が、きわめて大きな意味を持つことがここでも明らかになっています。

5 ● パートナーシップ大賞としての評価

協働事業評価

何が評価されたのか

以下では改めて、ムワンガザ・ファンデーションとサンクゼールの協働によるチャリティージャム事業が、日本パートナーシップ大賞においてどのように評価され、グランプリ受賞となったのかを確認していきます。

日本パートナーシップ大賞は「事業の目標設定」「事業の経過・記録」「事業結果から見た成長度・達成度・インパクト」を評価の要素としています。

事業がめざす先の明確化と共有〜目標設定

協働事業が的確に行われるためには、事業でめざすものの明確化と共有が必要になります。

チャリティージャム事業において、ムワンガザ・ファンデーションとサンクゼールは、タンザニアでの孤児支援、施設建設をともに目的としていることは明らかです。受益者がタンザニアの人々であることも双方に共有されています。また、そのことをリーフレットを用いて共に発信できていることも大事です。「私たちは何をめざして何をしているのか」を積極的に提示することが、ステークホルダーの納得を得ることにつながります。

チャリティージャム事業では、ムワンガザ・ファンデーションはタンザニアの子どもたちを支援するというミッションのNPOであり、協働はそのための手段でもあります。一方で、サンクゼールはキリスト教精神に基づく経営をミッションに掲げています。隣人を愛するという考え方を実現するために、チャリティージャム事業は重要な意味を持っています。

しかし、協働事業は当然ながら一方ではできません。協働相手を十分に理解しなければ優れた事業にはなりません。そのためには、協働相手に明確な期待を持ち、自らの存在が協働相手にとってどのような意義を持っているのかを、可能な限り早期から理解していることが必要です。その意味で、チャリティージャム事業には当初の時点では課題があったのだろうとも考えられます。

ムワンガザ・ファンデーションのサンクゼールによる経済的支援の期待は明らかです。一方で、企業がNPOに期待することははっきりしていたのでしょうか。また、フィデアさんはチャリティージャム事業によって久世社長、サンクゼールの得られるものを意識していたのでしょうか。最初はわかっていなかったのかもしれません。

しかし、それぞれが協働相手に期待することを十分に共有し、どのようなメリットを与えることができるのかを、協働事業の早い時期から相互に理解できていること。そのことが、対等な協働を実現するためには重要になるのだろうと考えます。

もちろん、チャリティージャム事業が、企業からNPOへの一方的支援にとどまらないものであること、そのことへのNPO、企業双方の現状における理解が十分であることは言うまでもありません。

月１回理事会を開き、十分に議論する～経過管理・リスク管理

協働事業では、相互に事業の進捗を把握していることが求められます。チャリティージャム事業では、理事会を原則として月に１回開催しています。その内容も形式的ではなく、しっかりした議論を行いつつ進められていることは高く評価できます。さらに、受益者のいる現地の状況を確認するためのタンザニアへの訪問も年に１回程度実施され、それらの記録も残されています。

事業におけるリスクをどのように管理するかも、重要な視点です。既

に述べた理事会では財政面からも常にチェックが行われ、より合理的な財政運営に向けたリスク管理が行われています。また、現地での事業や施設の建設状況についても頻繁な連絡によって状況把握が行われています。

協働事業の実施過程を、成果に向けたよりよいものにするために必要なことに、愉快さがあります。言い方を変えれば、どこかに楽しみをみつけなければ、継続的に高いレベルでの事業実施は困難になるということです。チャリティージャム事業では、サンクゼール、とりわけ久世社長の充実感はインタビューのなかでも明らかでした。ムワンガザ・ファンデーションのフィデアさんも、事業についていきいきと語っています。

あわせて意義を持つことに事業の記録があります。協働事業において、それぞれが何を行うのかを文章などで明確にすること、可能な範囲で実施過程を記録しておくことで、不断のPDCA、それによる事業の進展もできるようになります。この協働事業では経過については数多くの記録、写真が残され、事業の振り返りや広報に役立てられています。

企業・NPOの成長と、タンザニア・長野に落としたもの〜事業の成果

協働事業はその経過も大切ですが、第一義には成果のために行われるものです。チャリティージャム事業の成果については、既に多くを述べてきましたが、タンザニア現地では今、確実に、子どもたちのための施設の建設が進んでいる、そのことは大きな成果として述べることができるでしょう。

協働事業の成果は企業、NPOそれぞれの成長としても現れます。この成長は述べてきたことからも明らかだと考えます。

さらに地域の人々の気づきとしても、成果が示されてます。ここではフィデアさんのキャラクターが大きな影響力を持っています。フィデアさんの講演は飯綱町にとどまらず長野県内の人々に発見を生んでいます。新聞などへの掲載もあります。フィデアさんだけではなく久世社長も地域への影響力を持つことになったのは述べてきました。

協働事業において「人」の持つ力を大事にすること。当たり前のことではありますが、チャリティージャム事業でも、改めて気づかされました。

実は、この事業は単に孤児院を作ることではありません。将来、孤児院の外側に診療所や職業訓練校、農場、加工所、小規模工場、商業施設

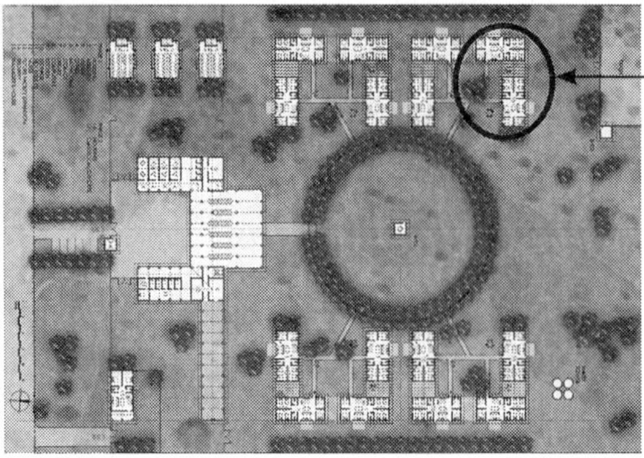

募金720万円全額を費やしても
建設にこぎつけたのはごく一部

などを作り、孤児の働く場を確保するとともに、地域の自立を目指そうという大きな夢があります。

タンザニアでの施設の建設・運営には、これからも多くの困難があるはずです。その困難を、小林フィデアさん、小林一成さん、久世社長、丸山さん、そのほか多くの人々の力と協働事業の持つ支えによって解決していくことを期待しています。（文責：河井孝仁）

■調査協力（2013年10月３日現地調査）

久世良三氏（株式会社サンクゼール代表取締役社長）
丸山和子氏（株式会社サンクゼール商品開発部主任）
小林フィデア氏（NPO法人ムワンガザ・ファンデーション理事長）
小林一成氏（NPO法人ムワンガザ・ファンデーション事務局長）

審査員から

壮大な事業を、1つずつ着実に進めている。社長さんはフィデアさんに会うまではボランティア精神がまったくなかったということでしたが、フィデアさんに会って変わったという正直な言葉も聞けました。現地の方たちの住宅だけではなく、工場も建設してそこに住む人たちの働く場も創っていきたい、医療機関も整備していきたいとのこと。10年20年非常に先は長いと思いますが、完成を心待ちにしています。日本に住む私たちも、ジャム製品を通じて貢献できます。頑張って続けて行ってください。

（奥野信宏 審査委員長　中京大学理事・総合政策学部教授）

case

2

第10回日本パートナーシップ大賞準グランプリ・オルタナ賞

「チョコレートで児童労働をなくす協働」事業

ガーナのカカオ生産地で、すべての子どものしあわせを実現するために

認定NPO法人ACE　＋　森永製菓株式会社

現在、スーパーやコンビニエンスストアの店頭に、アフリカ・ガーナの子どもたちの笑顔の写真が掲載されたチョコレートが並んでいます。森永製菓株式会社(以下、森永製菓)のチョコレート「DARS(ダース)」です。パッケージ裏面の片隅には「売上の一部で支援していた地区のカカオを使用しています」と書かれています(2014年９月現在はブラックのみ)。森永製菓と認定NPO 法人 ACE(以下、ACE)の「チョコレートで児童労働をなくす協働事業」による成果です。

この事業は、チョコレートの販売を通じて、ガーナの子どもたちを児童労働から守り、きちんとした教育を受けられるように、チョコレートの原料であるカカオを生産する地域で、子どもの教育と農家の自立を支援する活動です。カカオを原料とするチョコレートを生産販売する森永製菓と、世界の子どもを児童労働から守るために活動する ACE とが協働で取り組んできました。この取り組みは、2013年、第10回日本パートナーシップ大賞の準グランプリを受賞しました。

1●「学ぶ」を阻む原因を取り除くために

協働事業の目的

貧困と児童労働の悪循環を断ち切る

ACEは1997年に、今回ヒアリング調査のインタビューに答えてくれた白木朋子事務局長と岩附由香代表ら５人の学生が立ち上げた団体です。「遊ぶ、学ぶ、笑う。そんなあたりまえを、世界の子どもたちに。」をスローガンに、貧困と児童労働の悪循環を断ち切るための活動を行っています。2005年にNPO法人化し、現在、スタッフ８人を抱える団体となりました。

一方、森永製菓は、1899年に創業し、チョコレート、ビスケット、キャ

ラメル、ココア、アイスなど、たくさんのお菓子類を開発・製造・販売している、誰もが知っている大手企業です。森永製菓は、世界の子どもたちの笑顔に貢献したいという願いを持ち、特にチョコレートの原産国の子どもたちにきちんと教育を受けてもらいたいと考えていました。

児童労働は、とても深刻な問題です。ILO（国際労働機関）が2013年９月に発表した「児童労働の最新の世界推計を含む報告書」では、2012年時点で世界における５～17歳の児童労働者数は約１億6800万人で、全児童の10人に１人との報告がなされています。そして、子どもが労働に駆り出されるということは、学校に通うこともできず、適切な教育を受けることができないことを意味します。児童労働をなくすことは、子どもたちが安心して教育を受けられるようにすることでもあるのです。

ACEは、児童労働が最も多いと言われている農業セクターに焦点を当て、インドのコットン産業、ガーナのカカオ産業における児童労働の問題解決や、子どもたちの教育を支援する活動に取り組んでいます。さまざまな支援活動を続ける中で、児童労働をなくしていくためには、児童労働が引き起こす悪影響や、子どもの教育の必要性を訴えるだけでは達成することはできないことを実感していました。児童労働の根本的な原因である「子どもを労働させなければならない状況」を改善しなければなりません。そして、何よりも、そんな状況を改善するための手段を確保しなければなりません。

森永製菓とACEの「チョコレートで児童労働をなくす協働事業」は、こうしたガーナにおける児童労働を解決していくための手がかりを与えてくれます。

「1チョコ for 1スマイル」と「スマイル・ガーナプロジェクト」

森永製菓は、カカオを生産している国や地域の子どもたちの教育を支援するために、チョコレートの売上の一部を活用するという社会貢献事業を2003年より開始しました。発展途上国の十分な教育環境が整っていない国や地域への活動支援を行っているNPOに、年間を通して寄付を行い、カカオを生産する国や地域の子どもたちが安心して教育を受けることができるように活用する仕組みです。

2008年には、森永創業110周年及び森永チョコレート発売90周年事業として、対象商品１個につき１円寄付をする「１チョコ for １スマイルキャンペーン」を開始。新たなステージへと進化させました。この時点では、公益財団法人プラン・ジャパンに寄付され、まだ、カカオ農園における児童労働の解消に焦点が当てられていたわけではありませんでした。

一方ACEは、現地での支援活動に加え、2008年にカカオやチョコレートに関連する企業に、カカオの調達やフェアトレードに関する調査や、児童労働に関する現地（ガーナ）調査等を行っていました。2009年には、児童労働から子どもたちを救うため、カカオ農家支援の取り組み「スマイル・ガーナプロジェクト」を開始しました。

カカオはチョコレートの原料です。しかも、日本のチョコレートの約８割はガーナ産のカカオが使われています。そのカカオの生産過程で児童労働が存在し、チョコレート産業共通の課題となっていました。森永製菓にとっても、カカオ農園で児童労働が行われているというガーナの実態は、見逃せない問題です。しかし、日本の製菓メーカーで児童労働に正面から取り組んでいる企業はまだありませんでした。企業に調査をおこなったり、ガーナで活動しながらチョコレートと児童労働に関する情報を広く発信し続けるNGOは、企業にとっては関わり難い相手でした。

しかし2010年、ある紹介者を通じて森永製菓とACEは出会いました。まずは「１チョコ for １スマイル」活動の担当者であった森永製菓のマーケティング担当と、ACE事務局長兼ガーナ担当が会って話し合うところからスタートしました。

出会いから約１年半、何度もミーティングを重ね、ガーナの児童労働の現状を映像で伝え、ACEのガーナでの活動実績を紹介し、「カカオがなければチョコレートをつくることができない企業こそが、カカオ生産地の児童労働に取り組むべきではないか」と提案しました。

2011年ついに森永製菓は、従前の支援活動に加え、児童労働の解決に取り組むACEを通じた支援を決定しました。ACEと森永製菓のパートナーシップの始まりです。「子どものしあわせを実現する」というビジョンが共通していることがわかり、それぞれの役目を果たすパートナーとなりました。

2● ガーナの子どもたちに「学ぶ」というあたりまえを

協働のプロセス

カカオ農園の生産性向上

2011年、森永製菓の「１チョコ for １スマイル」による寄付支援を受

農業支援の様子 (写真提供：認定NPO法人ACE)

けた活動は、ガーナのパソロ村、ウルベグ村、アナンス村の３つの村で実施されました。多くの住民がカカオ生産に従事するこれらの村では、貧困と児童労働が連鎖していました。零細農家では、カカオ栽培における農園管理の技術、知識、経験が不足していたために、農園の生産性がとても低く、カカオ生産で得られる収入だけでは、家族の生活を維持することができません。子どもの教育費をまかなうのも無理があります。

少しでも収入を多くするために、子どもは過酷な重労働を余儀なくされます。劣悪な労働環境や不衛生な生活環境も影響して、健康に害をもたらします。おとなに成長した頃には働けない身体になってしまい、さらにその子どもを働かせることになってしまいます。児童労働によって貧困の悪循環から抜け出せなくなることに、根本的な原因があったのです。この根本的な原因を解決させるためには、カカオ農家が農園の管理ノウハウを身につけ、カカオの収穫量を高めることで、家計を安定させることが求められます。本協働事業は、当初、現地のパートナー団体とともに、カカオ農家の方々に向けて、農園管理スクールを開くことや、農作業の相互扶助の仕組みを整えることに尽力しました。スクールでは、農業の専門知識を持った現地スタッフが、効果的な肥料の使い方や病害虫への対処法、農園内の気温や湿度を適切に維持管理する方法など、カカオ栽培の基本から丁寧に指導します。

さらに、農作業の助け合いや貯蓄・小規模融資のための相互扶助の仕組みを利用すれば、農家が労働者を雇い入れるなど、自立した農作業が

支援を受けるガーナの人たち（写真提供：認定NPO法人ACE）

できるようになります。これらの取り組みにより、徐々に収穫量が増え、収入が増え、家計が安定し、子どもたちを働かすことなく学校に通わせることの可能性が大きくなっていきました。

学習環境の整備

子どもの学習環境が整っていないことも、児童労働の原因となっています。カカオの生産量が多いガーナの農村地域では、校舎が整っていない、学習に必要な機材や設備が揃っていない、教員宿舎がない、給与の支給が遅れるなどで先生が来ない、学校までの距離が遠い、学用品を買えない子どもが多いなど、子どもたちにきちんとした教育を受けさせる環境整備がほとんどできていないのです。

これでは、学校に通わせる動機は薄れてしまい、結果として、子どもを学校に行かせるよりも、働かせることを選択してしまいます。そこで、支援が必要な家庭を訪問し学用品を支給する、PTA・学校運営員会を整える、子ども保護のための見回り活動をおこなうなど、子どもの学習環境を整えるための活動にも力を注ぎました。子どもの人身売買にも目を光らせます。こうした活動にも、「1チョコ for 1スマイル」による資金が活用されました。

2011年、ACEと森永製菓の協働事業が開始された当時、支援地区の子どもの人口は約1200人でしたが、その約25%にあたる300人ほどが児童労働をしていました。2012年末までには約130人の子どもを児童労働から保護し、就学を実現することができました。学用品を支給した子どもの数は85名にのぼり、農業支援をおこなうカカオ農家は180世帯となりました。実際に、カカオ栽培のノウハウが得られることで、カカオ農家の自立が達成され、また、学校に行きやすい環境が整うことで、児童労働が解消されていったのです。これは「チョコレートで児童労働をなくす協働事業」の確実な成果と言えます。支援目標は、2016年までに農業支援世帯は1000世帯、就学を実現する児童は1500人とし、支援活動を継続しています。

3●「食べる」と「つくる」がつながる

協働事業への展開

支援地区のカカオで商品開発

ガーナにおける児童労働の問題に取り組んだACEと森永製菓の次の目標は、子どもたちが学校へ通うようになった支援地区で採れたカカオを原料にしたチョコレートを製造販売し、購入という行為を通じて、寄付を委ねていただいた消費者の方たちに、活動の成果と共に「おいしさ」というお返しをすることでした。

2011年の暮にチャンスが訪れました。森永製菓は、ガーナで長年培った強固なネットワークを持つACEから、支援地区のカカオが入手できる可能性を提示されたのです。菓子マーケティング部チョコレート担当の八木格さんは、2013年のバレンタインに発売目標時期を定め、社内での調整を始めました。2012年3月、入念に準備して臨んだ企画会議で、「やるべき」と意見がまとまり、正式に事業として認められました。

中面には、これまでの取り組みの成果や支援地区のカカオを使用した商品ができるまでの軌跡を紹介

カカオの流通に関しては、生産農家・現地の集荷業者・商社

が、長い歴史の中で築いた強い関係があり、その関係を良好に保つことも、生産農家にとっては重要なことです。また、通例として、森永製菓のようなチョコレートの製造販売業者が商社を通じて原材料を輸入する場合、カカオの生産農家を指定することはありませんでした。そのような状況の中、すべては初めてのことで、手探りでの交渉が続きました。難航する交渉でしたが、ガーナで長く支援活動を展開し、信頼を得ていたACEと、その活動を支援している森永製菓の取り組みを理解した、支援地区のカカオ集荷業者が全面的に協力を申し出てくれたのです。

その後も予定されていた出荷が延期になるなど、さまざまな難関はありましたが、ACEと森永製菓の積み上げた支援活動の成果により乗り越え、2012年12月25日より、支援地区で生産されたカカオを現地で加工したカカオマス含有の「ダース〈ミルク〉」が店頭に並びました。当初、原料の大半を支援地区からの材料でと希望したのですが、主力商品の味のバランスを考え、数十種類の試作品を製作するなど、生産過程での試行錯誤の結果、支援地区からのカカオマスを含有した、いつもの味の「ダース〈ミルク〉」が完成しました。更に 、この取り組みを消費者に理解してもらうため、パッケージに取り組み過程を記載し、支援地区のカカオを80％含有したオリジナル銘柄チョコレート、その名も〈1チョコ for 1スマイル〉をキャンペーン商品として開発し、予定通り2013年1月7日よりバレンタインに向け期間限定で発売したのです。

「社会貢献」から「社会問題の解決」へ

本協働事業は、ACEにとって、設立の理念に基づく自主性の高いプログラムを発展するかたちで行われ、森永製菓との協働事業により、それまで培ってきた現地との信頼関係が強固なものとなりました。また、森永製菓と協働したことにより、以前に増して、メディアでの報道や団体名入りの製品の流通が盛んになったため、市民への認知度や信頼度が向上し、支援者も増えてきました。

また、森永製菓にとって最大の成果は、直面していた課題への突破口を見つけられたことでしょう。1899年に創業した森永製菓の会社案内「パイオニアとしての歩み」の2013年のトピックスに、【エンゼルマークを登録商標】と同じ位置づけで【森永チョコレート〈1チョコ for 1スマイル〉発売】と書かれていることをみても、どれほどのインパクトのある事業かがわかります。

今後を語る森永 八木さん

ACE 白木さん

本協働事業によって、これまでの単なる寄付による社会貢献活動から、本業を通じた社会問題の解決へと進化し、企業の先進的なCSR活動として、チョコレート・菓子業界だけでなく日本の産業界全体で高い評価を受けています。

また、両者の取り組みによって、「1チョコ for 1スマイル学生サポーターズ」が結成されるなど、チョコレート消費者への波及効果も生まれてきました。このように、想いを同じくする立場の違う2者間の協働事業は、児童労働という社会の課題解決へ多くの市民を巻き込み、改革を起こしたといっても過言ではありません。

ACE事務局長の白木さんは、「以前、児童労働の撤廃に向け、チョコレートの生産企業にアンケートを送ったことがありましたが、森永製菓さんからはお返事はいただけませんでした。ですので、児童労働という課題を共有していただいているか不安で、協働事業開始前はこちらから声をかけることをためらっていました。今回の協働事業も大手の広告代理店からのご紹介でしたが、最初は相手にしてもらえないのではないかと思いました」と当時を思い出し、「企業がNPOやNGOと関わりを持ちはじめることによって、現地の課題をよりよく理解し、解決への道が広くなると信じて協力関係を続けています。今では、現地のことはすべて任せていただき、お互いの信頼関係の下で安心して活動が展開できています」と、現地の子どもたちの笑顔がプリントされているチョコレートを手に取りました。

森永製菓の八木さんは、「カカオ産地であるガーナの子どもたちの幸せが生産者の幸せに通じることを、身をもって経験し、本気で取り組もうと思えたことが大きかった。ACEを通じて関係を持つことのできた現地の皆さんとも、もっと深く関わり、生産者の見えるチョコレートを販売したい」と進む方向を笑顔で語ってくれました。

おわりに

今回の取材を通してNPOと企業の強みを活かした協働プロジェクトの醍醐味を味わうことができました。ひとつには、難しい児童労働問題の解決に向け、まっすぐに向かっているNPOの考えに、関係企業として、しっかりと耳を傾けただけではなく、当事者感覚をもって一緒に歩もうと決断したこと。2つ目に、そのプロジェクトをリードしているのは、規模感の相当違うNPO側であること。3つ目は、お互いの強みを活かしあい、弱みを補完するということが、ごく自然体で行われていたこと。最後に、困難の多いプロジェクトでありながら、常に笑顔で取り組んでいること。

世界中の子どもたちがあたりまえを手に入れるまで、児童労働をなくす活動は続きます。ILOの報告書には児童労働を過去のものとするために、政府・民間を問わず効果的な活動をし続ける必要があるとの記載があります。児童労働の最も多い地域は低中所得国であり、低所得国だけの課題ではないのです。各国政府の取り組みを進めることも大変重要ですが、世界中の市民がこの課題を理解し、意識を持って協力し合うことにより、世界の子どもたちがあたりまえを手に入れることができるのではないでしょうか。

（文責：手塚明美）

■調査協力（カッコ内は、2013年9月20日現地調査当時）

白木朋子氏（認定NPO法人ACE事務局長）
八木　格氏（森永製菓株式会社菓子事業本部菓子マーケティング部チョコレートカテゴリー担当）

審査員から……………………………………………………………

この賞の意としているところの、NPOと企業のがっぷり四つ連携を上手く工夫されていると思いました。どちらかが上に立ってしまうような一方的な活動になってしまうことが多い中、このプロジェクトはそういった面でも両者がお互いに良い影響を与え合って良い成果をあげています。私も森永DARSを食べているので、ガーナの人たちを助けていると思うと非常にうれしいです。

（松浦信男氏　万協製薬㈱代表取締役社長）

case

3

第10回日本パートナーシップ大賞優秀賞

「トヨタ・子どもとアーティストの出会い」事業

アートの力を用いた教育
～復興支援にも役立つアート

NPO法人芸術家と子どもたち 一般社団法人AISプランニング NPO法人アートNPOリンク	＋	トヨタ自動車株式会社 各地実行委員会、 各地教育委員会、各学校、 各地トヨタ自動車販売店

トヨタ・子どもとアーティストの出会い事業は、トヨタ自動車株式会社（以下、トヨタ）と3つのNPO、及び各地実行委員会等との協働による、アーティストとの出会いを通じて、子どもの豊かな感性と夢を育むアート活動の事業です。2004年より開始され、小学校などを舞台に、さまざまな現代アーティストが、各地・各校が抱える課題に応じてオーダーメイドでダンスや音楽・美術などのワークショップを実施するものです。アーティストが子どもたちの所にやってきて、短いもので２日間、長いものだと４～５ヵ月かけて、子どもたちとともにアート活動を行います。子どもたちはこの活動を通じて、人間関係やコミュニケーションに関するさまざまな気づきを得ていきます。

アートを通じた教育がより地域に根づくために、各地に実行委員会を作り、コーディネーターを配置。その仕組みも大きな特徴になっています。

この事業で培われたネットワークとノウハウは、東日本大震災の復興支援にも活用され、多くの子どもたちを応援し、勇気づけてきました。

1● アート・ワークショップ

協働の内容

多様な組織が関わることで実現

小学校でのワークショップ実施には、担い手であるアーティストだけでなく、校長や教頭、クラス担任の先生、PTA、地域の人々といった関係者との調整が必要です。

2004年の活動開始に向けて、NPO法人芸術家と子どもたち（以下、「芸術家と子どもたち」）とトヨタが協働で、ワークショップの調整を行う各地実行委員会を形成。実行委員会の担い手の選定と育成をし、ノウハウを伝承していきました。NPO法人アートNPOリンク（以下、アートNPOリンク）は実行委員会の担い手の発掘に協力。事業が発展する中、「芸術家と子どもたち」とトヨタが担っていたノウハウ伝承やワークショップのマネジメント機能を担うべく、一般社団法人AISプランニング（以下、AISプランニング、当事業を契機に2007年に設立）が2010年より事務局を担うことになりました。これにより「芸術家と子どもたち」は、長年蓄積してきたワークショップのアドバイスを担う役割に特化することができ、また、トヨタは全般管理の役割と各地の販売拠点を用いた事業支援に特化できるようになり、より充実した事業展開が可能になりました。

アート・ワークショップの様子

みんなで作る

雪国の子どもたちであっても、普段は雪と積極的にふれあう機会は多くありません。生活の厄介物ととらえられがちな雪をアート活動という楽しみを通じて、見直すきっかけを作るワークショップが、アーティスト・河田雅文さんにより行われたのは、札幌市立新光小学校です。校庭に富士の山頂を模して雪を盛り、火口周辺を探索できる巨大な雪のオブジェ「FUJISAN」と、FUJISANを彩る灯籠と裾野に広がる雪の村を周辺につくりました。これが「抱腹☆絶頂　ぅぉるけーのFUJISAN」です。

このワークショップは初めから内容やその製作過程が決まっていた訳ではありません。河田さんはグランドに雪の富士山を作りたいと考えていました。雪を通学の邪魔にならないようによけたとしても、その雪を雪捨て場に運ぶコストと労力がさらに必要です。しかしその雪を近隣の小学校のグランドに入れるなら、この問題は大幅に解消されます。このアイディアは札幌市北区土木センターと新光除雪センターとの協力を得ることで、採用されました。

自分たちだけでなく、保護者や地域の人にも愉しんで参加してもらうため、灯籠などのさまざまな造形物も作り、そこに「ろうそく」を埋め込み、その光で富士山を包み込みました。さらに、同校の当時の校長牧口秀徳氏の「富士山はもちろん噴火するんだよねえ」という何気ない一言から花火を使った噴火の仕組みが仕込まれていきました。

ワークショップを通じた「気づき」

「わたしは雪や氷のすばらしさを知りませんでした。外あそびは好きではなく、外がきらいだったのかもしれません。でも学校のふじさんの村づくりをしたとき思いました。やっぱり外はすてきだね」と、この活動に参加した子どもの一人は感想を述べました。

雪を用いたアート・ワークショップの様子

ワークショップ終了後も小学校と地域のつながりを基に継続。雪を巡る課題に応えつつ、子どもたちの感性を育む教育活動としての価値が人々に認められ、地域に定着していったのです。この活動に必要な地域の除雪センターや保護者とのコミュニケーションは小学校教員が担当。小学校を基点として地域の人々とつながる実感を得たのです。地域の人々には小学校の可能性への新たな気づきが生まれていきました。

2● アート・ワークショップを通じた被災地支援

協働事業の拡がり

本事業は東日本大震災被災地の復興支援においても力を発揮しました。現地の子どもたちには心の支えが必要と思われたので、プロジェクトの実行が急がれました。しかし、同地域の小学校ではアーティストによるワークショップの経験があまりなかったため、地元関係者の理解を得ることは簡単ではなかったのです。ここで活きたのはトヨタという有名企業の存在。トヨタが後ろ盾となっていることで、関係者は安心して実行委員会の話しに耳を傾け、同活動に前向きな姿勢をみせ、迅速なワークショップ開催が可能となりました。

2012年には、被害の大きかった南三陸町にある５つの小学校で、子どもたち自身の目で見てきた一年を子どもなりの言葉と旋律で町の人たち

「南三陸町・未来を歌に」の制作風景

「ファイト！南三陸町」
作詞作曲　伊里前小学校４年１組21名

水くみ　手伝った
支援物資　運んだ
みんなのごはん　作った
みんなでがれき　かたづけ
少ない食料　やりくり
がれきは重い
水も重い
みんなで力合わせた

仕事場なくなった
負けずにお店つくった
がんばり働きだした
流れた船　ひっぱった
シロウオ　サケ　とった
ホヤ　カキ　ワカメ
種を入れた
みんなで力あわせた

「ファイト！南三陸町」の歌詞

に届けようと、ワークショップを実施。「南三陸町・未来を歌に」をテーマとする５つの曲が作成され、仙台市民交響楽団の協力のもと、追悼式において披露されました。「ファイト！南三陸町」はこの５曲のひとつ。この曲には、未来に向けた前向きな気持ちとともに震災直後には言い出しにくかったつらい気持ちも綴られました。

2013年には、国際交流基金との協働で、南三陸町の高校生たちと、2010年に発生したチリ大地震の被災地の高校生たちが、お互いに励ましあうメッセージソングを交換するためのワークショップも実施されました。仙台・宮城の実行委員会の吉川由美氏は当時の様子を振り返り、「子どもたちは、辛い思いをしている親のことを見て知っているから、自分が辛くても言いだせない。でも、心の中には不安、悲しさなどたくさんの感情が入り乱れている。今の子どもたちに必要なのはそういった感情を自分の気持ちの引き出しに整理して、しまえるように手助けをすることが重要」と、述べています。

吉川さんは「3.11以降、テレビに震災の映像が大量に流れ、それを見て具合が悪くなる子どもたちもいたが、ワークショップに参加した子どもたちは大丈夫だった」とアート・ワークショップの持つ力について述べました。

また、震災以前のワークショップが被災後の子どもたちを勇気づけた事例もあります。『まちカレブログ（http://kyworks.gloomy.jp/blog/）』

はそのひとつです。このブログは、2009年11月～12月に仙台市立市名坂小学校で行われたワークショップで時間を共有したアーティスト・山本耕一郎さんと子どもたち（6年生101名）の活動記録としてスタート。ワークショップ直後も子どもたちとアーティストの交流の場としてこのブログを活用。震災が起こった後も、このブログは継続されていきました。はじめはアーティストが子どもたちの安否を心配する内容でしたが、少しずつ、アーティストがブログを通じて子どもたちや先生などの現地の人々を勇気づける内容に、また、彼らがお互いの状況を確認し、がんばっている様子を伝え合うような内容に変化していきました。子どもたちが小学校を卒業するタイミングでこのブログの更新はストップしましたが、多くの子どもたちの心を癒すひとつの場になっていたようです。吉川さんは、「震災以前とはまったく異なる環境の中で過ごし、少なからず心細い想いをしていた被災地の子どもたちが、こうしてアーティストと関わりを持ち続ける。このことがどれだけ子どもを勇気づけられるかは計り知れない」とこのブログの効果について語ってくれました。

3● アート・ワークショップを全国で展開する仕組みづくり

協働のきっかけ

全国展開できる仕組み作り

この事業の出発点は、「芸術家と子どもたち」の活動でした。このNPOは、1999年より、現代アーティストと子どもたちとが出会う「場づくり」を行っています。このNPOが提唱し、推進しているASIAS(エイジアス、Artist's Studio In A School)は、NPOがアーティストと先生との連携をサポートし、アーティストと先生が協力しあい実施するワークショップ型の授業です。いじめ、ひきこもりなど、子どもたちの人間関係に対する感性の問題やコミュニケーション能力低下に起因する社会的な課題が顕在化していたことがその背景にありました。アーティストとの出会いを通じて、子どもたちのコミュニケーションを活発にし、自分と他者の新しい面を発見し、豊かな感性を育むことが目的でした。

「芸術家と子どもたち」の活動は広がりという面で課題を抱えていました。ASIASの活動に対する関心は全国で高まっていったものの、担い手が不足していたのです。一方、トヨタでは、子どもたちの健全育成というテーマで社会貢献活動を実践する時、一緒に協働できるパートナーを常に探し続けていました。そんな中、「芸術家と子どもたち」の堤康彦理事長がASIAS活動を広めていくための協賛をトヨタに依頼したことが協働のきっかけとなりました。

協賛関係から「ともに考える」関係へのシフト

トヨタを協賛とし、ASIAS活動の主たる担い手であった堤さんが各地でワークショップを実施すれば、全国でASIAS活動を行うことは容易だと考えられていました。しかし地域に根づく活動という点では限界があるとも考えられました。トヨタと「芸術家と子どもたち」の間で議論が進むにつれ、次第に各地で意識の高い人を見つけ、その人々の活動が地域で認知され、地域の人々に支えられるような活動を応援する事業を目指す方がよりよいという認識が共有されていきました。トヨタは資金だけでなく、さまざまな形で社会活動に関わることができます。マネジメントノウハウの提供だけでなく、その組織力を生かした貢献もできます。アートを用いた教育が地域に根ざすためには人々の認知度向上が欠かせませんが、トヨタの全国販売拠点を通じたマスメディアへの広報活動支援は、本事業をますます充実させていきました。

トヨタとNPOの「ともに考える」姿勢について、トヨタの社会貢献推進部山本真由美さんは、「まず、NPOの声を大事にする。NPOは現場を大事にする。電話やメールだけでなく、現場に行くことが重要。そこでいろいろなことを共有しながら進めていく」とNPOやアーティスト、現場の学校のニーズを重視する姿勢を示しました。本事業の事務局を担うAISプランニング代表漆崇博さんは、「トヨタのような大きな会社に、一地域の声をどれくらい理解してもらえるか不安だったが、人同士の関わりとして熱心に関わっていただいたため、大きな障害もなくワークショップを実施できた」と企業がアート・ワークショップ活動に対する理解を常に示し続け、ともに考え続けてきたことを示してくれました。

4● 事業の仕組みと成果

協働事業の成果

地域×全国

本事業の仕組みは、2008年に開催した第6回パートナーシップ大賞に応募された「日本全国の学校で開催される体感型アート・ワークショッ

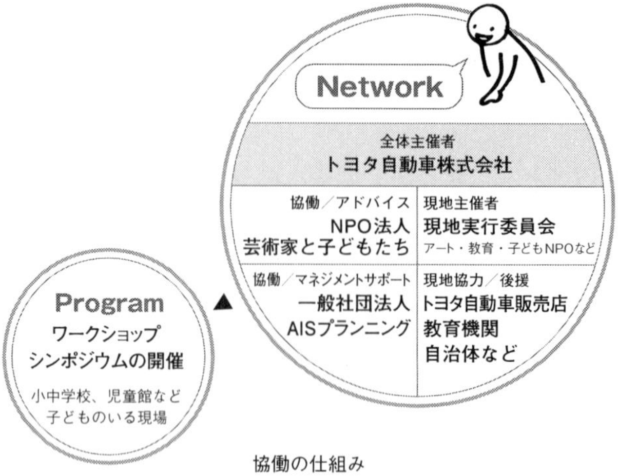

協働の仕組み

プ」事業をより発展させたものです（協働事例集「NPO＆企業 協働の10年 これまで・これから」に収録。2010年12月１日サンライズ出版）。AISプランニングが事務局を担うべく設立され、事業がより着実に展開された点、および復興支援にもこの事業のノウハウを活用し、被災地の人々を勇気づけられた点で、より発展した事業になりました。

この事業では、「芸術家と子どもたち」がこれまでに培ってきたアート・ワークショップについての活動経験に基づき、各地でのアート・ワークショップの実施に関する専門知識を提供します。AISプランニングとトヨタは、事業が着実に進行するように現地での開催状況を確認し、月に１回ないし２回の会合や連絡を通じて事業の進捗管理を行い、マネジメントノウハウを現地NPOに伝授する役割を担っています。トヨタはこれ以外に先述のような各地の販売拠点を通じた多様な支援を行います。現地の実行委員会では、各地域のニーズ調査、各校の課題の調査、そして、それらにあわせたオリジナルのワークショップの企画と実施を行います。アートNPOリンクは新しいコーディネーターの発掘を行う形で、この事業の全国展開を支援しています。

このような仕組みのもと、2012年度末の段階で、全国11ブロックにおいて拠点となる実行委員会を形成、60校でのワークショップを実現。AIS プランニングが事務局になったことにより、この事業はより自律的に活動できる仕組みとなっていったのです。

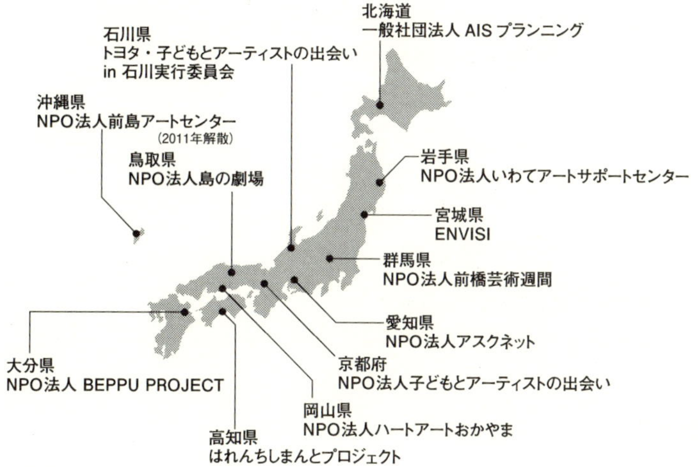

全国への広がり

5 ● 更なる発展にむけて

協働事業の今後

本事業は、すでに更なる発展にむけて動き出しています。これまで活動が行われてこなかった地域での基盤整備を進めています。石川県金沢市では、NPOではなく、金沢21世紀美術館を拠点に活動する個人が中心的な担い手となっています。NPOが根付きにくい、あるいは、担い手となるNPOが存在しない場合であっても、本事業で時間をかけて培ってきたノウハウを学習し、実践できる個人と組織、場があれば、さらに多くの地域で同活動は実践可能で定着していくとの思いがそこにはあります。トヨタの山本さんは、「数がその評価尺度のすべてではないものの、47都道府県すべてに活動が拡がり、トヨタとして支援していることを知ってもらいたい」と述べ、AISプランニングの漆さんは、「スピードや地理的な拡大ばかりに目を向けるよりも質を高めることが重要ではあるものの、より多くの地域に拡大させたい」と意欲をみせています。この活動がより拡大していくためには、地域の人々や各地の企業の賛同、応援が欠かせません。本活動の認知度が高まり、それがより多くの人々の共感を招き、さらなる発展につながることを期待したいと思います。

（文責：津田秀和）

■**調査協力**（2014年10月7日・8日現地調査）

漆崇博氏（一般社団法人AISプランニング代表）

吉川由美氏（トヨタ・子どもとアーティストの出会いin仙台・宮城実行委員会（有限会社ダ・ハ プラニングワーク代表取締役、ENVISI代表）

清水義昭氏（トヨタ自動車株式会社社会貢献推進部文化活動グループ長・担当課長）

山岡由佳氏（トヨタ自動車株式会社社会貢献推進部文化活動グループ主任・係長）

山本真由美氏（トヨタ自動車株式会社社会貢献推進部文化活動グループ）

審査員から……………………………………………………………………

子どもたちの限りない潜在力を引き出し、感受性を豊かにし、多様な価値観を育む。そこにアートの持つ力を向けられたのは、素晴らしいことだと感じています。トヨタ自動車が全国に持つ販売会社と、全国のNPOがネットワークをつくって、地域の中でもまた面として広がりを見せているのは素晴らしいことだと思います。全国への広がりにも期待しています。南三陸町の子どもたちの素晴らしい歌に感動しました。

（黒田かをり氏　一般財団法人CSOネットワーク 理事・事務局長）

case
4

第10回日本パートナーシップ大賞優秀賞

「市民活動を応援する場と組織づくり」事業

地域の課題は世界の課題
～新時代のショッピングセンターを飛騨高山から

NPO法人ソムニード　＋　大和リース株式会社

日本パートナーシップ大賞10回の歴史の中には、多様な協働形態を見ることができます。

ひとつのNPOとひとつの企業の協働にとどまらず、１NPOと複数の企業や複数のNPOと複数の企業の事業など､いろいろな形態の事業が増えてきました。中にはNPO、企業に加えて行政や地域団体も加わったマルチパートナーシップ型協働もあります。自分たちが取り組みたい社会課題を解決するためには、最適な相手と協働すればいい訳であり、その組み合わせはいくつもあるはずです。

今回のソムニードと大和リースの協働事業は、NPOと企業が協働して新たに中間支援NPOを立ち上げたという、過去10回の応募事業においてもまれなケースです。企業が設立したNPOというのは珍しくありませんが、本事業のように企業とNPOが協働してNPOを設立するというケースをあまり聞いたことがありません。

多くの観光客でにぎわう飛騨高山駅から南へ15分ほど歩くと、広い駐車場を備えた商業施設フレスポ飛騨高山ショッピングセンターが目に飛び込んできます。和風外観の２階建ての建物は、古い町並みの多く残る高山の町に溶け込むように作られています。そこに地元スーパーや有名テナント店に挟まれるようにして、平屋建てのおしゃれなコミュニティーゾーン「まちの縁側」を備えた「まちづくりスポット飛騨高山」（以下、まちスポ）という建物があります。その運営を担っているのがNPO法人まちづくりスポット(以下、まちづくりスポット)です。

フレスポ飛騨高山ショッピングセンター外観

1● コミュニティスペースを作る

協働の背景

企業のパートナー探し

大和リース株式会社（本社大阪市、以下、大和リース）は資本金約217億円、売上高約1550億円の建築・不動産のリース業をメインとする大企業です。災害時に被災地に造られる応急仮設住宅では約30％のシェアを担っています。大別すると４つの主要事業を展開していますが、本事業に直接関係するのは流通建設リース事業です。郊外型や都市型の複合商業施設を企画・運営し、全国約130ヵ所で展開しています。

高山市は、古い町並みを生かした観光都市として年間400万人以上が訪れる岐阜県飛騨地方の中心都市です。特産の家具を製造していた老舗家具メーカーの工場が郊外に移転するのを機に、大和リースがショッピングセンター（以下、SC）の開発に取り掛かりました。大和リースはそれまでも地域密着型商業施設を全国で展開していましたが、リーマンショックの影響もありテナントが撤退するなど経営が苦しく、「対策が打てなかった」（森内潤一大和リース・流通建築リース事業部長）時期でした。最初は高山の町並みに合わせた外観をウリにする商業施設の展開を検討しましたが、それだけでは物足りない、地域の人との接点がないのではないかと思うようになりました。全国各地の先進事例を調べるうちに、商業施設内にコミュニティの活動拠点を設け、人が楽しむだけでなく売り上げにもつながっている事例を目にしました。それまでは売り場を削ってコミュニティスペースに割くということなど思ってもいませんでした。しかしこれからは商業施設と地域の人々との接点が必要だと感じた森内さんは、SCの中に地域のためのフリースペースを設け、地元のNPOに活用してもらうことを考えました。しかし、NPOの何たるかを知らなかった森内さんたちは、50ほどある高山のNPO法人を１軒ずつ訪ねて歩きました。想像に反して、大部分のNPOは独立した事務所もなく、活動実態も乏しいものでした。そんな中で出会ったのがNPO法人ソムニード（以下、ソムニード）の専務理事竹内ゆみ子さんでした。

地域の課題に取り組む国際協力NGO

ソムニードは、高山市に本拠を置く国際協力NGOで、インド、ネパール、日本で地域づくり・人づくりに取り組んでいます。その活動歴は古く、現代表理事である和田さんがインドのNGOからの支援要請を受けて、1993年にソムニードの前身である「サンガムの会」（英語名：SOMNEED）を設立し、少数民族、アウトカーストを対象としたプログラムの支援を始めたことがきっかけでした。1999年にはNPO法人格を取得しました。

国際協力NGOが、どうして高山のまちづくりに関わってきたのでしょうか？

設立当初は、インドで貧困者のための収入向上事業や子どものための夜間識字教室などを行っていました。事業が成果を出し始めたころ、村の人々との会合でこんな質問を受けました。「おかげさまで子どもたちも成長することができた。しかし成長した子どもたちは村を出たまま帰ってこない。どうすれば帰ってきて村で暮らしていけるようになるのか教えてほしい」。この時、高山でも「子どもたちは大きくなると都会に出たまま地元には戻ってこない。地元は寂れる一方である」という同じ課題を抱えていることに気づきました。それ以降「地域の課題は世界の課題」として、男女共同参画や過疎地活性化など国内活動にも本格的に取り組むようになり、ソムニードの中で海外活動と地域づくりが同列に扱われるようになりました。

2● ともにNPOを創る

協働のプロセス

支援から参画へ

大和リースから話を受けたソムニードですが、すぐに協働することを決断できたわけではありませんでした。「相手が大企業すぎて、協働できるとは思ってもいなかった」とソムニード常務理事で事務局長の大塚由美子さんは当時を振り返りながら語ってくれました。ソムニードと大和リースは半年ほどの時間をかけてじっくりと話し合いました。大和リースでは当初「スペースを作ればあとは自由に使ってくれるだろう」と思っていましたが、話し合いを重ねるうちに、場づくりだけでなく、地域の課題をつなぐコーディネート力が必要であると考えるようになっていきました。そして「支援から参画へ」と方針を変更し、共同で中間支援のNPOであるまちづくりスポットを立ち上げることにしました。

設立にあたって新たに４人のスタッフを雇用し、彼らが主体的に活動できるよう、ソムニードがバックアップしました。その中の一人が田辺友也さん（まちづくりスポット事務局長）でした。田辺さんは大手情報サービスグループの会社で企業と市民活動をつなぐ企画を担当していましたが、「自分のやっていたことを一から作ることができる」として、この事業に参画してきました。

まちスポの活動

まちスポは2012年11月１日にオープンしました。運営委員会（大和リース３名、ソムニード２名、地元企業や大学教授等５名の計10名で構成）が月に１回開催されるので、森内さんは毎月高山まで通っています。「儲けの顔から仏の顔」に変わるひと時だと自認しています。

オープン企画として実施された「NPO 法人ポスター展」では、飛騨地域の32の NPO 法人が一堂に会し、各団体の活動紹介を行いました。このポスター展をきっかけにまちスポとして32団体とつながりを持つことができ、その後も10団体程度がまちスポを利用して活発に活動を行い、音楽のイベントや絵本展など毎週のようにイベントが行われるようになりました。ポスター展の期間中に行ったアンケートによれば、来館理由の半数以上が「買い物ついでに立ち寄った」「たまたま通りすがった」という回答でした。田辺さんは、従来の公共施設にはなかった、商業施設にあるコミュニティスペースの特徴であると分析しています。

ユニークなところでは、「フレスポおすそ分け交流会」というのがあります。これはSCであるフレスポ飛騨高山のテナントスタッフと市民が参加し、お茶会を通して交流するというものです。単なる売り手と買い手の枠を超えた交流がここで生まれます。テナントスタッフに地域の課題や、NPOの活動を知ってもらうきっかけとなる、立地を活かした面白い試みです。

まちスポの前で。田辺さん（右）、大塚さん

まちスポの運営

月に一度の運営委員会では、来館者数（現状月平均1000人）や活動報告のほか、

メディア露出に関する報告も行われます。これは、立ち上がったばかりで事業の成功には認知度を高めることが欠かせません。そのためには、PRの仕方やメディアでの情報発信が重要となるので、それらも議論されるわけです。

気になる活動予算ですが、2013年度は約240万円の事業費と約50万円の管理費で運営されています。これ以外に、人件費を含む1300万円が大和リースからソムニードに寄付という形で支払われています。ソムニードが認定NPO法人であり、寄付をする側に一定の税制優遇があるというのが大きいのかもしれません。

熱意ある活動

この協働事業にはNPOに竹内さん、企業に森内さんというそれぞれキーパーソンがいます。

最初の出会いからお互いが対等の立場で話し合いました。NPOにとって、企業に対して協働を持ちかけたり支援をお願いすることはあっても、企業側から協働を持ち掛けられるケースというのはそう多くはないでしょう。対等で付き合いたいと思っても、支援する側とされる側では、意識のずれがあるかもしれません。

今回の場合、他人任せではうまくいかないと竹内さんからアドバイスを受けた森内さんは、自分たちでやることを決断しました。当初はどうすればSCに人が来てもらえるかを考えていた森内さんでしたが、「それをメインにしたらそこばかりに意識が行く」と考えを変え、「今ではNPOが地域とかかわりを持ち、結果としてSCに足を運んでもらえると単純に考えています」と語ってくれました。竹内さんとの話し合いは、企業人である森内さんの地域課題への感受性とNPO活動への理解を高めていったようです。「2012年５月に大和リースの役員会で企画書を説明した時、社長以外は誰も理解してくれなかった」と森内さんは述懐しています。それが今ではこの事業は、企業の戦略上の重要な事項として位置づけられるようになりました。森内さんの粘り強い活動、そしてその背後にある地域課題やNPO活動への高い意識と深い理解があったからこそと考えられます。

社会から何を求められているかを真剣に考える

我々調査員が大和リースの本社を訪ねて聞き取り調査を行っていた時

でした。約束の時間になったので退出しようとしたとき、「挨拶だけしたい」と代表取締役社長である森田俊作さんが入ってこられました。そこから1時間、森田さんにたっぷりお話を伺うことができました。森田さんは京都大学大学院の大和リース寄付講座で「公民連携」をテーマに講義を担当していることもあり、「何をやったら儲かるかではなく、社会から何を求められているかを常に考えながらビジネスに取り組んでいる」と話してくれました。壊れかけそうな地域社会を作り直す、それには時間とお金がかかるが、「経営者生命をかけて取り組んでいる」と森田さんは熱い思いを語ってくれました。この経営者の想いが、この協働事業を後押ししたことを強く感じました。

右から、森内さん、森田さん、池田さん

3● 協働事業のマッチング

協働の展開

ここでつながる、ここからはじまる

まちづくりスポットは、交流スペースを活用して展示やイベントをすることのほかに、中間支援の役割を活かした相談活動や協働マッチングも行っています。

一例を挙げると、フレスポに入っている地元密着型スーパーの駿河屋（店名エブリ）と「ままみぃ」というNPOとのマッチングの仲介です。ままみぃは、高山市でアレルギーの子どもを持つ３人の母親が集まり、子どもにパンやおやつを皆と同じように食べさせてあげたいと始めたグループ。アレルギーを持つ子どもたちのお母さんに向けて、対応可能な食物の指導や食品を作っていく中で、母親がどんな商品をどこで買えばいいのかわからないという課題があることに直面しました。そしてその課題解決のために、まちスポに相談に来ました。一方で、駿河屋は近年増えつつあるアレルギー問題に対して、フレスポで新しく展開する店舗（エブリ）での商品強化を検討していました。しかしアレルギー問題について詳しくないので、どんな商品を取り扱えばよいか困っていました。この両者の課題を解決すべくまちづくりスポットがマッチングを行い、スーパーとNPOが協働して、店内のアレルギー対応商品マップを作成しました。実際我々調査員が訪れた時にも、店頭の売り場地図にも大きく表示されていたほか、アレルギー対応商品がどの売り場に置かれているかが一目でわかる「ままみぃセレクトマップ」というチラシが山積みされていました。「ここでつながる、ここからはじまる」というまちづくりスポットの考え方が色濃く反映されたマッチング事例です。

地域の課題×社会的課題

また最近では買い物弱者を支援する取り組みも行っています。高山市の周辺地域に移動販売をしていたスーパーが2013年1月に倒産したのがきっかけでした。高齢化が加速する中でのこの倒産は、孤独な地域住民や買い物弱者をますます孤立させかねません。それを防ぐため、6回にわたる買い物支援対策会議を経て、市民やNPO、商店街、商業施設関係者総勢16名で構成する「買い物ツアー実行委員会」を立ち上げ、まちづくりスポットが事務局として活動してきました。

2013年3月には第1回無料買い物ツアーを高山市朝日地区を対象に実施しました。この時は2日間で23人が参加し、「普段はなかなか行けない場所でゆっくりと買い物ができてよかった」と、好評だったようです。その後も他地区で2回実施しました。この買い物ツアーは市内中心部の商店街を巡り買い物や食事を楽しみ、その後フレスポ飛騨高山を訪れる行程になっていて、単なる顧客の囲い込みに終わっていないところが人気のひとつでもあります。

この成果を受け、2013年8月には高齢者の買い物支援を行い、介護予防や孤立を防ぐことを目的としたボランティア団体「ぐるっと高山ネットワーク」が発足。ここでもまちづくりスポットが中心となって活動しています。「つなげる」という、まちづくりスポットの機能がうまく活用されているといえるでしょう。

4● 企業もNPOも変わり続けていく

協働事業の成果

まちスポづくりを広げる

ソムニードとの協働事業をひとつのモデルとして、大和リースではまちスポを他の商業施設へと波及させることを計画しています。稲毛(千

運営会議の様子

葉県）と学園都市（兵庫県）ではそれぞれ地域のNPOと協働し、第２第３のまちスポづくりを進めています。大和リースでは、施設担当者がNPOを理解するだけでなく、全社員にNPOを理解させることが重要だと感じて、NPO基礎講座を社内研修で行っています。今までに社内７ヵ所の事業所で200人以上が受講しました。竹内さんや田辺さんが講師を務めていますが、終了後もメールで質問のやり取りを行うなど、社内でも一定の効果を上げているようです。

本事業がもたらしたもの

SCを拠点に、NPOと企業が協働して地域活性化につなげようという今回の取り組みは、大和リースにとっても大きなチャレンジでした。当初は「スペースだけ設けてあとは自由に使ってもらえる」と考えていたところから、協働して新たなNPOを設立するというところまで至ったのは、ソムニードの考え方が大きかったと思います。竹内さんたちはあくまで対等であるという姿勢を崩さず、粘り強く話し合いを続けました。長年飛騨地域のNPOの相談に乗り、運営のアドバイスを行ってきたソムニードの中間支援としての活動の裏打ちがあったからこそできた協働ともいえます。

今回の協働でそれぞれ得たものは何だったのでしょうか。

ソムニードは、NGO以外の地域活動をする人々との関係性を構築できたことに加え、本事業を通して他セクターである企業と連携ができたことや、NPOへの理解者を増やすことができたことを挙げています。他方、大和リースについては、前述したように全国の他の商業施設でも同様のコミュニティスペースを設置するなど、地域やNPOとの連携を目指す社員の意識と行動が芽生えたことを挙げています。

商店街の空き店舗をNPOに貸し出して地域の活性化を図ったり、商業施設の一角にコミュニティスペースを作る動きは全国に広まってきていますが、今回の協働事業のようにその運営をNPOと企業が一緒になって作った新たなNPOが行うというのはまだまだ少ないのではないでしょうか？そのNPOの運営に企業が継続して関わっているというのもこの事業の特徴です。「お金を出して終わりではなく、継続して汗をかいていく」という姿勢は、NPOとの協働を考えている他の企業にとっても参考になるはずです。今回の事業が大和リースにとどまらず他の商業施設にも波及すれば、市民が気軽にNPOと接し理解が深まり、NPOの活動が活発になり社会がよくなる、そんな期待を抱かせる協働事業でした。

（文責：藤野正弘）

■**取材協力**（役職・肩書きはいずれも2013年10月1日取材当時）

大塚由美子氏（NPO法人ソムニード常務理事／事務局長）
田辺友也氏（NPO法人まちづくりスポット事務局長）
森田俊作氏（大和リース株式会社代表取締役社長）
森内潤一氏（大和リース株式会社取締役上席執行役員／流通建築リース事業部長）
池田康二氏（大和リース株式会社流通建築リース事業部運営販促部次長）

審査員から……………………………………………………

全国どこにでもあるショッピングセンターのスペースを有効活用し、新しい組織づくりの場を企業とNPOが協働でつくる。そこに地域が加わり、地域を応援する組織として成長しているところが、非常に高く評価されました。全国のショッピングセンターを繋ぐことで、全国のNPOを繋いでいきたいという発表に非常に共感できました。ネットワークを通じて全国のNPOがつながっていけたら、さまざまな社会的役割を担って行けるのではないかと感じました。

（森摂氏　㈱オルタナ代表取締役社長）

case

5

第10回日本パートナーシップ大賞優秀賞

「eラーニングによる『まなび場』の展開」事業

貧困の連鎖にSTOP！ ～被災地から生まれた eラーニング活用の学習支援

NPO法人アスイク	＋	株式会社すららネット みやぎ生活協同組合

子どもの相対的貧困率※1が15.7%とOECD※2諸国の中でも高い日本(2009年厚生労働省調べ)。経済的に困窮し、学校の授業についていけなくても学習塾に我が子を通わせる余裕のない家庭の子どもたちに、十分な学習の機会を保障し、貧困の連鎖を食い止めることが喫緊の課題とされています。しかし、こうした境遇にある子どもたちへの学習支援は、ボランティアを大量に集めるモデルが中心で、質や規模的な広がりに限界がありました。

そこで、被災地で放課後の子どもたちの居場所づくりと教育サポートに取り組んできた宮城県仙台市のNPOが立ち上がりました。生活保護等を受ける低所得家庭の子どもたちを対象に、eラーニング教材のベンチャー企業および生協と協働して学習支援することで、この問題を克服するモデルを構築したのです。企業にとって既存の教材システムを低料金でNPOに提供することで、本業の延長線上で社会問題の解決に取り組めている点も大きな特徴です。他地域のNPOにもこの学習支援のノウハウ移転が広がりつつあります。

1●「すらら」の導入に至るまで

協働の背景

大震災後のアスイクの設立

仙台市にあるNPO法人アスイク（以下、アスイク）は、2011年３月の東日本大震災を契機に立ち上げ、避難所や仮設住宅などで生活する子どもたちの学習サポートを行ってきた団体です。９ヵ所の避難所で延べ444人の子どもたちに、その後仙台市内の６ヵ所の仮設住宅地で65人の子どもたちに、学習支援を継続してきました。

代表理事の大橋雄介さんは福島市出身で、株式会社リクルートマネジメントソリューションズの組織開発コンサルタントを経て独立。NPO法人せんだい・みやぎNPOセンター（仙台市）でソーシャルビジネスの起業支援やネットワーク形成プロジェクトを担った後、アスイク（当初は任意団体）を４人のボランティアとともに立ち上げました。

支援対象も、被災家庭の子どもたちから、経済的に困窮する家庭の子どもたちへと広げていきました。しかし子どもたちに対して学習ボランティアをマンツーマンで配置する従来型のモデルでは、それ以上の拡大が難しい状況にありました。加えて、ボランティアの人手に頼る教育では十分な学習時間が確保しづらく、学習成果も出にくいという側面もありました。

ITベンチャー、すららネットとの出会い

そのような課題に直面しているときに、アスイクの大橋さんが東京で出会ったのが、株式会社すららネット（以下、すららネット）社長の湯野川孝彦さんでした。すららネットはゲーム感覚で学べることを特色としたオンライン学習教材の開発・販売等を行うITベンチャー（2008年設立）で、全国の学習塾や学校で約２万５千人の利用者を擁する成長企業です。大震災後は、被災地の子どもに対してｅラーニング教材「すらら」のIDを無償で提供し、福島県など通学が困難になるケースもあった状況において、学習機会の提供に貢献してきました。

大橋さんに出会った湯野川さんは、日本の相対的貧困率の話を聞いて、その高さに衝撃を受けたといいます。そして自ら被災地に赴き、アスイクの仮設集会所での活動を視察しました。当時は週１回１時間の学習支援でしたが、「これでは成果が十分に出ない」と考えた湯野川さんは、

アスイク代表理事の大橋さん

すららネット社長の湯野川さん

アスイクが運営する教室に低料金で「すらら」を提供することで問題解決に乗り出すことを決意しました。

2 ● 他のNPOへの学習支援ノウハウの移転

協働の内容

「すらら」の導入と他のNPOへの活用支援

すららネットが開発した教材「すらら」は、小学校高学年から高校生までを対象としており、国語、算数(数学)、英語の教科が学べるようになっています。子どもたちはパソコン画面を通し、講師役のアニメキャラクターと対話をしながらのやりとりで各単元を理解した後、次々と出題される問題に回答しながら実力をつけていきます。ゲームをクリアする感覚で学べ、楽しく飽きることなく持続的に学習できるのが特徴です。また、生徒一人ひとりの理解度に応じて、出題される問題の難易度が変化する仕組みになっているため、つまずきが少なく、子どもたちは達成感を得ながら学習に取り組むことができます。

2012年5月、すららネットと提携したアスイクは、仙台市泉区の商業施設から提供を受けた会議室をパイロット拠点として、「すらら」を試験的に導入しました。

2013年3月には、経済的事情等を抱えた子どもたちの学習支援を行う他のNPOに対しても「すらら」を提供するモデルを発表し、仙台市の3つの多様なNPOで順次、「すらら」を活用した学習支援を進めました。

アスイクが、子どもをサポートしたい市民ボランティア、NPOを募集し、まなび場の開設に必要なパソコン等の機材や導入研修などを提供し、すららネットが「すらら」を提供するという基本的な役割関係がこ

eラーニング教材「すらら」の一場面

みやぎ生協集会室でのまなび場の様子

こに生まれました。

みやぎ生協、仙台市との連携

一方、まなび場の活動場所の確保が難しく大きな課題となっていましたが、ちょうど生活困窮者への家計相談事業を立ち上げようとしていたみやぎ生活協同組合（以下、みやぎ生協）と理念が一致し、店舗内にある集会室をアスイクに無償で提供してもらう協定を締結しました。同年6月の利府店（宮城県利府町）を皮切りに、順次、学びの場の運営者（学習サポーター）が集まった店舗から事業がスタートしました。

同年7月にはみやぎ生協及び、同生協を通じて出会った一般社団法人パーソナルサポートセンター（仙台市で大震災直前に設立され、被災者・生活困窮者の生活再建支援や就労支援を行う）とともに、アスイクは「せんだい学びとくらしの安心サポート共同体」を結成し、保護者も含めた困窮家庭全体へのサポートに乗り出します。仙台市から事業委託を受け、市内5店舗のみやぎ生協の集会室で、困窮世帯（生活保護または児童扶養手当全額受給の世帯）の中学生を対象とした無料のまなび場が開設されました。市には事業費負担のほか中学校などを通じて、直接対象世帯に呼びかけを行ってもらうなど、行政とも連携することで、「すらら」を活用したまなび場の拠点展開は一気に進みました。

---

3 ● 巧みな連携が生み出す包括的な学習支援

協働のプロセス

有償での教材提供の理由

それでは本事業においてアスイク、すららネット、みやぎ生協の役割分担を確認しておきましょう（P.50の図参照）。

アスイクは、学びの場の運営者である市民ボランティア、NPOに対して運営マニュアルやひな形ツールの提供、地元の行政や学校との連携支援など充実したバックアップ体制をとっています。中古パソコン購入費や運営費用についてはアスイクが行政からの委託料（仙台市約1200万円）や、NPOへのノウハウ移転を支援する民間補助金（約800万円）でまかなっています。

一方、すららネットは運営者のNPO等に対して、アスイクを介して安価（市価の3分の1程度）でオンライン教材を提供し、利用法につい

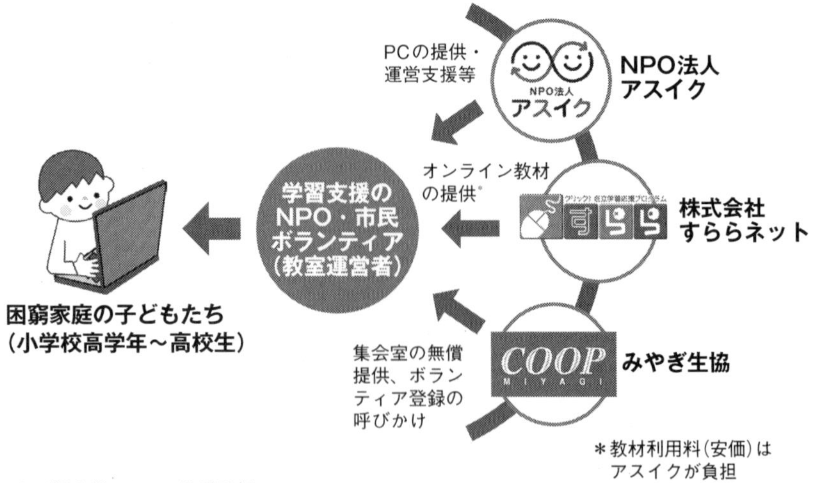

まなび場事業における協働関係

てのWEB講習会もオープンにして、希望があれば受講できるようにしています。この教材利用については使用許諾書を取り交わしています。アスイクと拠点運営者となるNPO等との間においても、生徒から徴収する月謝を3000円以内に設定する（高額すぎないようにとの趣旨）などの取り決めを交わしています。月謝の金額設定については、各地の運営者に自分たちの活動と認識してもらえるよう、拠点ごとの裁量に委ねています。

もうひとつの実施主体のみやぎ生協には、店舗に併設している集会室をまなび場として提供してもらうとともに、組合員にまなび場の学習サポーター登録を呼びかけてもらい、場所とボランティアの確保を図っています。また、アスイクがサポートする家庭で家計面でのニーズがある保護者をみやぎ生協が実施する家計相談事業へつないだり、同じくみやぎ生協が手掛けているフードバンク事業を活用して食事にすら困っている家庭へ食糧支援を行なうなど、生活困窮家庭が抱える問題に対してより包括的なサポートができるようになっています。

事業リスクはどう回避しているか

次に事業の進捗管理について見てみましょう。

すららネットはアスイク担当を設け、日報で本事業の進捗を社内管理するほか、WEB会議システムを使って打ち合わせを行ったり、拠点の開設状況などについてファイル共有し、進捗状況の把握が両者間で密に行われています。

すららネットとしては対象地域の他の顧客企業（一般の学習塾など）の生徒を奪うことのないよう、被災証明書や非課税証明書、生活保護受給者証など証明書類を確認し、「通常の塾には行けない層」であることを明示してもらうことを求め、同社の評判が傷つくリスクには気を遣っています。またアスイクは、まなび場の拠点運営者の審査基準をもち、運営能力があるか、継続の意思があるか、それぞれの団体のミッションとの整合性があるか、たとえば社会的弱者の自立支援を目的としているかどうか、などの視点でチェックしています。

4● 東北被災３県に広がるまなび場と多様な支援の担い手

協働の成果

仙台から広がるまなび場の拠点づくり

現在（2013年９月時点）、仙台市を中心に宮城県内（仙台市外は石巻、栗原、利府）10拠点でまなび場を展開し（生徒数は約60人）、さらに福島県、岩手県においても若者サポートステーション（サポステ）受託団体（ビーンズふくしま）等と連携して増設する予定です。このほか、仙台市の委託事業により中学生のみを対象にして仙台市太白区の５拠点の教室で、まなび場を無料実施しています。さらに、市の事業を中心に、まなび場の運営者への応募も継続的にあることから、着実に拠点を増やしており、アスイクは当面の目標として30ヵ所のまなび場の開設、450人の子どもたちの受け入れを行いたいとしています（2013年９月時点）。

支援のあり方を変えたｅラーニングの活用

ｅラーニングの活用により、子どもをサポートするボランティアの役割も変化していきました。つまり、各教科を「教えること」から、子どもの目標設定の援助、学習の動機づけといった「コーチング」（自発的行動のサポート）がボランティアに求められるようになりました。これにともない、少ないボランティア人員でも、より多くの子どもの受け入れが可能となり、かつ教育の質を一定に維持できるようになりました。たとえば仙台市泉区に開設したパイロット拠点では、34名の子どもたちに対してスタッフ２名とボランティアで子どもたちのサポートを担っています。また学習支援ノウハウの乏しいNPOであっても、パッケージ化された教育支援サービスの提供が可能となり、多様でより多くの市民がボランティアとして支援に参画できるようになりました。

津波によって自宅を流され、みなし仮設住宅※3に住んでいるシングルマザーが自宅を活用してまなび場を開設したケースでは、同じような境遇におかれた子どもを受け入れ始めており、問題を抱えた当事者が問題解決の主体へと変わっていったことがうかがえます。これ以外にも、地域で定年退職後のシニアや少年院退所後の青少年の居場所づくりに取り組んでいるNPOが「すらら」を活用して子どもたちの学習支援に乗り出すなど、さまざまな担い手を生み出すに至っています。

子どもたちや関係当事者が受けた恩恵

受講した子どもたちの反応は、「勉強する時間が増えました！ eラーニングはパソコンなので楽しいです！」「自分のわからないところを集中的にできて説明がわかりやすい。自分のペースでできるところが、いいと思いました」など、毎日教材に意欲的に取り組むようになったケースが報告されています。また仮設住宅に引きこもりがちだった生徒が「すらら」受講をきっかけに、積極的にまなび場に顔を出すようになったこともあったそうです。学習効果の点では、前年度まなび場に参加したすべての生徒が無事に高校等への進学を果たしているとのことです。

一方、企業の本業やNPOの事業へのフィードバック効果としてはどのようなものが見られるでしょうか。

まず、すららネットは本事業への関わりによって企業評価を高め、国内有数の大学から新卒者を獲得するに至っています。また学習塾開設を予定している顧客層の反応もよく、同事業への理解が得られることで顧客を横取りされたり、クレームをつけられたりするリスクを低減できています。さらに、本事業の進展に合わせ、社長自ら社内会議を通じて最新の情報を提供していますが、自社の社会貢献の取り組みを知ることで社員の士気が自ずと上がり、社員の両親や親戚からSNSで「いいね」の評価を受けるなど、社員とその家族のロイヤルティ（企業ブランドへの愛着・忠誠心）の向上につながっています。アスイク側も、少人数のスタッフ、ボランティアで多くの生徒たちをサポートできるようになり、相談業務に徹することができ、充実感を得ています。

5● 自治体との関係構築

協働の拡がり

自治体・専門家との関係の深化

アスイクは本事業をきっかけに、各自治体の生活保護担当課やひとり親家庭の担当課なども密接な関係を築きながら、教育・生活支援の必要な地域への拠点展開を進められるようになりました。特に仙台市からは低所得家庭を対象とした学習支援事業を受託し、財政的基盤を拡充することができました。現在、2015年の困窮者自立支援法制定をにらみ、自治体が任意で行う教育支援事業に対して本事業をモデル移転できるのではないかと検討を進めています。

また活動実績が行政関係者から認められたことで、ケースワーカーから「担当している家庭の子どもを紹介したい」といった問い合わせが急増しています。マス・メディアでしばしば取り上げられ、他県の住民やNPOからの問い合わせが増えました。学習支援のボランティアを確保しにくい過疎地域からは「この仕組みであれば自分たちの地域で子どもたちをサポートできる」との声が寄せられています。

専門家との接点も広がり、東京大学(大学院経済学研究科)の研究グループによる実証研究が始められています。

一方、すららネットは本事業を通じて社会貢献のミッションを強く意識するようになり、低所得者層へのアプローチのノウハウを蓄積することができました。

6● まとめにかえて

協働の評価

eラーニング向け学習教材は教育のIT化の流れにそって、大手・ベンチャーを問わず各社が莫大な投資を行って開発を進めています。が、そのターゲットとされているのは高い対価の支払える中流家庭以上に限られており、eラーニング活用による相対的貧困問題の解決という新しいアプローチを提示することができたのは、本事業の大いなる成果といえます。そもそも企業による生活困窮家庭支援の試みはまだ見受けられず、本事業がNPOとの協働により達成が可能であることを示した意義は少なくありません。とくに中小のITビジネスが本業のサービス資源を使って行える、持続可能で無理のない社会貢献のあり方としても示唆に富む事業です。

またアスイクが、子どもたちの直接支援のみならず、多様な主体が、子どもたちを支える担い手として広く参画できる環境を生み出したことは、モデルとしての拡がりの可能性を高めています。ただし、支援モデルを全国展開するにあたっては、現行の東北被災３県を越えて遠隔地のNPOを継続的に支援する体制を、アスイクがどう構築していくかが問われるでしょう。

協働関係という点では、本事業では、子どもに対してボランティアがマンツーマンで継続的に指導することの限界を感じていたNPOに、企業が安価に教材システムを提供し課題解決を図るという部分的な補完関係が見られました。現在、両者の間では、すららネットの内定者研修をアスイクでのインターンシップという形で行い、事業課題についての検討を一緒に行うなど連携や情報交換がより緊密になっており、今後の協働関係の深まりに期待したいと思います。　　　　（文責：高浦康有）

※１　相対的貧困者の全人口に占める比率。OECDでは、等価可処分所得が全人口の中央値の半分未満の世帯員を相対的貧困者としている。（出典：小学館『デジタル大辞泉』）

※２　経済協力開発機構。加盟国の経済的発展、開発途上国への援助、貿易の拡大などを目的とする国際協力機関。（同上）

※３　応急仮設住宅（プレハブ住宅）での不足等を補うために民間の賃貸住宅を県が貸主から借上げて応急仮設住宅として住居を提供したもの。（出典：宮城県「応急仮設住宅（プレハブ住宅）の概要」））

■調査協力・参考資料提供（肩書は2013年９月20日の取材当時）

大橋雄介氏（NPO法人アスイク代表理事）

湯野川孝彦氏（株式会社すららネット代表取締役社長）

審査員から……………………………………………………………

子どもの貧困率が15.7%。仙台市には貧困の子どもが約3000人以上いるとのこと。この現実に私たちが今、考えなければいけないことがたくさんあります。この事業は被災地の子どもたちにも、対話型アニメーションを使って、「わかる、できる」教育を行い、学習意欲をかきたて、その成果をあげています。これを待っている子どもたちが各地にたくさんいると思います。全国に展開し、広がっていくことを期待しています。　　　　（岸田眞代　PSC代表理事）

case
6

「インド思春期女性に『健康な食』を」事業

「食と健康」を通じて女性の自立を育む、新しいカタチ！

NPO法人
地球市民ACTかながわ／TPAK ＋ 味の素株式会社

インドの女性たちが根深い差別、日常的な暴力、社会の偏見から立ち上がり、科学性に欠ける文化・慣習を変えていく力を持つためには、彼女たちの自立心を高めていく必要があります。

しかし、インドの貧しい農村地帯の思春期の女性たちは、栄養価の低い伝統的インド食を主食としているため、鉄分不足による貧血率が100％近くに及ぶという深刻な状況での生活を余儀なくされています。女性が自立するためにまず大切なことは健康な身体を獲得することです。彼女たちが健康を手に入れるには、栄養と衛生に関する正しい知識の習得が必要です。

彼女たちに対して、「食と健康」をテーマに行う栄養改善プロジェクトは、NPO法人地球市民ACTかながわ／TPAK（以下、TPAK）と、味の素株式会社（以下、味の素）の協働で行われている事業です。

TPAKは、貧困地域の女性の自立支援や農村部の貧しい子どもたちの教育と健康支援を展開し、味の素は自社独自のプログラムを通じて「食・栄養・保健分野における国際協力活動」を行ってきました。本プロジェクトは、NPOと企業が培ってきたナレッジの活用が大きな役割を果たしているのです。

協働のきっかけ―おいしさ、そして、いのちへ―

TPAKは、単に与えるのではなく「自立」を促す協力を目指して1993年に設立されました。主にタイ、ミャンマー、インドの子どもたちや女性が幸せで明るい未来を自ら切り開けるよう、教育と健康と自立のための活動を行っています。

インド北部の貧農村地帯では、劣悪な衛生環境や栄養状態に起因する感染症で未就学児童が死亡することも稀ではありません。また、この地域の女性たちは、古い慣習による女性差別で苦しんでいます。一日中過酷な労働を強いられて学校を退学せざるをえなくなるなど、時間、自由、権利を奪われ、さらに貧しさが女性たちの心と体を蝕んでいます。

TPAKは、2005年から現地NGOのMAMTA（マムタ）と協働して思春期女性のエンパワーメント活動を行ってきました。女性にとって10歳～19歳の思春期は、将来の出産や育児に備えて基礎体力作りの重要な時期です。しかし、この地域で摂られている伝統的インド食は栄養価が低く、鉄分不足による貧血問題が深刻化しています。2010年にTPAKとMAMTAが実施した健康調査（対象者1000名）によれば、ほぼ全員が貧血状態でした。

ワークショップでポスターを使い栄養について学ぶ女性たち

一方、"Eat well, Live well." を掲げる味の素は、食・医薬・健康など命に深くかかわる分野でグローバルに事業をしています。日本人の栄養状態を改善したいという創業理念は「おいしく食べて健康づくり」という志へ受け継がれ、現在ではNPOをはじめとする多様なセクターと協働して、コミュニティの人々が自ら課題を解決するための仕組み作りの支援を行っています。

1999年、味の素は創業90周年を機にAINプログラム［AIN = Ajinomoto International Cooperation Network for Nutrition and Health（味の素「食と健康」国際協力ネットワーク）］を立ち上げました。同社は途上国での栄養改善を「グローバル健康貢献企業」としての重要な使命のひとつと位置づけており、AINプログラムを通じて「食・栄養」分野でNGO・NPO、大学、専門家と連携して国・地域の課題に合ったプロジェクトを支援しています。

TPAKは、2007～09年にAINプログラムを通じてタイの貧農村部の子どもたちに「頭の栄養・体の栄養」プロジェクトを行いました。ここからTPAKと味の素の協働が始まりました。このプロジェクトは学校や地域を巻き込んで、家庭菜園の推進や栄養意識の向上などの面で大きな成果を生みました。

TPAKは2005年からNGOのMAMTAと連携してインド北部の女性のエンパワーメントを目指して活動を行ってきました。しかし、劣悪な食生活に起因する女性たちの栄養状態は、NPOのナレッジだけでは解決できない深刻なものでした。タイでの経験を踏まえて、「食・栄養・保健」分野における国際協力のエキスパートである味の素の協力を得たいという思いを強くしたのです。2012年、AINプログラムを通じて再び味の素との協働が実現したことで本プロジェクトが始まったのです。

協働の内容

TPAKは、プロジェクトの企画、運営、広報、自己資金調達、NGO・行政機関との連携を担い、現地ではMAMTAと連携して講習会やワークショップを開催します。味の素は、食と健康に関する情報提供や専門家によるアドバイス、資金提供（2年間で400万円）を行います。

活動地域はインド北部ウッタラーカンド州デラドゥン県ヴィカースナガル郡で、アウトカースト（不可触民、カーストに含まれない最下層のもっとも差別されている人々）の貧困層・先住民族などの思春期女性約5000人が対象です。対象地域での啓発活動を行い「健康な食」に対する意識を高めることで、地域住民の栄養状態を改善することが本プロジェクトの使命です。

2012～13年度の2年間で、思春期女性40名を「健康な食」推進リーダーに育成し、健康な身体づくりと思春期女性のエンパワーメントに寄与することを目指しています。初年度は5村においてリーダー育成と栄養に関する基礎教育を実施し、2年目は同じ地域でステップアップ講座の開催と各村での栄養キャンペーンによる普及が行われています。

2012年度上期に実施された「健康な食」推進リーダー育成研修を通じて、新たに20名のリーダーが誕生しています。下期は思春期女性とその家族に栄養価の高い豆類や緑黄色野菜を摂ることが奨励され、栄養価を損なわずに調理する方法の指導も行われました。新たに任命された女性リーダーたちは、こうした活動の補助者として活躍しています。初年度（2012年4月～2013年3月）の活動実績は次の通りです。

①「健康な食」推進リーダー育成研修
　5村から選ばれた20名の思春期女性を対象に3日間の育成研修を実施。

②「健康と栄養」キャンプ
　栄養に関する基礎知識のレクチャーとヘモグロビンを測定する血液検査の実施。

③「食の安全」ワークショップ
　微量栄養素についてのワークショップとホームレメディ（家庭治療法）についての講習。

④「学校健康」キャンペーン

楽しそうに家庭菜園の世話をする女性

家庭菜園で苗を植える女性グループメンバーとリーダー

思春期の生徒を対象としたポスターコンテストとクイズ大会の実施。
⑤「家庭菜園（キッチンガーデン）」ワークショップ
家庭菜園の推進、苗木の配布と定植。

プロジェクトの対象となった村では、TPAKと味の素のロゴ入りスローガンが掲示され、プロジェクトに対する村民全員の意識の高さが確認されています。

３日間に及ぶ食品の栄養価についてのレクチャーと調理実習グループにわかれてのワークショップなどを経て、「健康な食」推進リーダーが誕生します。彼女たちには「Healthy Diet Promoter」というロゴが書かれたポロシャツの着用が認められます。このポロシャツを着ることによって、彼女たちは自信と責任を実感するのです。

推進リーダーたちは、それぞれ自分の家庭菜園を持っています。彼女たちは自分の菜園の周囲を木の枝や紐で囲い、とても大切にしています。緑黄色野菜の摂取不足に起因する栄養失調を改善するために、ターメリック、オクラ、ナス、さといも、とうもろこし、ズッキーニなどの野菜やマンゴー、パパイヤが栽培されています。また、プロジェクトスタッフの健康指導員による圧力鍋を使った調理実習では、薪の節約が女性たちの時間と労力の軽減につながることを学んでいます。

思春期女性たちが「Sense of ownership（所有意識）」を持つことがこの活動ではとても大切なことです。菜園で採れた野菜を家族にも食べさせることで、家庭の中で思春期女性の存在が認められることにつながるからです。また、このプロジェクトを通じて学んだことを家族や周囲の人々に教えることは、思春期女性たちに自信を与え社会的に自立する機会を生み出しています。

インドにはアンガンワディワーカー（Anganwadi worker）という保健婦がいます。保健婦の仕事は子どもの発育状況や女性たちの貧血の有無をモニターすることです。協働プロジェクトの経験者からアンガンワディワーカーになる女性も多く、彼女たちの活動が協働プロジェクトの定着を支えているのです。

栄養ワークショップに集まった対象村の女性たち

協働の成果と組織の成長

2012年度と2013年度上期の１年半の成果を振り返ってみましょう。事業開始当初と比較すると、女性たちの栄養に対する意識は格段に向上ました。それは、家庭菜園で自らが育てた野菜を衛生的な調理法で摂取する生活習慣の定着やヘモグロビン数値の改善に表れています。

⑴「健康な食」推進リーダー育成

2012年度および2013年度は５村からそれぞれ４名が研修に参加し、各年20名、２年間で合計40名の推進リーダーが誕生しました。2013年度上期の時点で２年間で40名という目標を達成しました。推進リーダーは、本プロジェクトとコミュニティをつなぐパイプ役として活動しています。女性たちからは「推進リーダーになれてとても幸せ。栄養に関する知識を得て、村人たちの栄養に対する意識を高めていくことにやりがいを感じている」との感想が寄せられています。

⑵「健康と栄養」キャンプ実施

貧血を改善するメニューや方法を学び、ヘモグロビン数値を計測することにより貧血改善に取り組む意識が芽生えてきました。女性のヘモグロビン標準値は12.0～16.0（mg／dl）です。当初は8.0（mg／dl）以下の女性もいましたが､活動開始後は9.0～11.5（mg／dl）にまで改善しています。

⑶「食の安全」ワークショップ

地元で採れる食材を使った栄養価の高いメニューを紹介することで、家庭における献立の幅が広がり貧血改善にも効果が生まれています。

上記以外に学校健康キャンペーンや家庭菜園ワークショップが実施され、自分のために野菜や果物を育て、自分で健康を守ろうという前向きな姿勢が見られるようになりました。

活動の意義と将来像

本プロジェクトの当面の活動期限は2014年３月までです。活動終了後も推進リーダーたちがマスタートレーナーとして、栄養バランスの改善に有効な家庭菜園の促進、女性の貧血を改善するバランスのとれた栄養食の調理実習を通じて思春期女性を指導することが期待されています。TPAKは、アジアの子どもの健康と教育分野で20年の支援歴をもつNPOですが､味の素との協働事業で学んだ栄養や健康に関する専門知識、高い業務遂行能力や会計処理等のナレッジが今後の事業活動に大きな力となったことを実感しています。

一方、1999年から「食と健康」を中心とするCSR活動を展開している味の素は、地域の実情に応じて自社のリソースを活用した支援のあり方をNPOとの協働を通じて体感しました。それはCSR部栗脇部長の「社員を巻き込んで本業を通じた協働を推進する必要性を感じた」という言葉からもうかがえます。本プロジェクトはCSRからCSV（Creating Shared Value＝共通価値の創造。社会的価値の実現を通じて本業そのものを変革していくこと。）へ発展する可能性を秘めた活動といえましょう。

1999年からスタートした味の素のAINプログラムは、63件の支援実績（2013年７月現在）を持ち多様な分野で活動するNPOと協働してきました。受益者は40万人を超えています。ジャーナリスティックな派手さはありませんが、こうした地道な活動の積み重ねが本プロジェクトを成功へ導いたのです。

NPOと企業の協働に対する社会的関心は高まりを見せていますが、「共に学び共に支えあう心」を持つ協働関係は短兵急に築くことはできません。自分の足元を見つめ直し、本当の豊かさを持つ社会の実現を目指して、本プロジェクトのDNAがさまざまな分野の活動に受け継がれていくことを期待しましょう。　（文責：長谷川直哉）

■調査協力（2013年10月17、23日現地調査）

近田真知子氏（NPO法人地球市民ACTかながわ／TPAK代表）
バックレイ麻知子氏（NPO法人地球市民ACTかながわ／TPAK副代表）
伊吾田善行氏（NPO 法人地球市民ACTかながわ／TPAK事務局長）
板倉玲子氏（NPO法人地球市民ACTかながわ／TPAKインドプロジェクト担当者）
栗脇啓氏（味の素株式会社CSR部専任部長）
大木由香里氏（味の素株式会社CSR部）

case
7

「みやぎ／ふくしまを走る移動図書館」事業

被災地に本をとおして癒しの場をつくる

公益社団法人シャンティ国際ボランティア会（SVA）	＋	ブックオフコーポレーション株式会社

仮設住宅の前に定期的に訪れる黄色の移動図書館車。その扉が開放されると、所狭しと並べられた、今流行りの本やコミックが顔を出します。移動図書館前の大型テントには、簡易テーブルとたくさんの椅子が並べられ、お茶飲み・団らんスペースが設置されます。移動図書館が訪れると、普段は殺風景な仮設住宅前のアスファルトが、「コミュニティの場」に変身するのです。

東日本大震災以降、仮設住宅暮らしを余儀なくされている、宮城県山元町と福島県南相馬市の住民たちが楽しみに待つ移動図書館。この移動図書館事業は、公益社団法人シャンティ国際ボランティア会（以下、SVA）と、ブックオフコーポレーション株式会社（以下、ブックオフ）の協働事業です。SVAの被災地支援活動の柱のひとつである移動図書館事業を宮城県、福島県に拡大する上で、ブックオフは本業を通した社会貢献活動の一環として関わっています。その協働には、数々の工夫がみられます。

協働のきっかけ

SVAの活動は、1981年、図書館活動を通じて、カンボジア、タイ、ラオス、ミャンマー、アフガニスタンの子どもたちに、読書の機会を贈り届けるという国際ボランティアからスタートしました。平和な社会の構築を目指して、本を通じた国際社会貢献活動を30年以上継続してきている公益社団法人です。2011年の東日本大震災後の同年６月に、被災者支援として、岩手県で移動図書館事業を開始しました。

一方、ブックオフは、中古書店「BOOKOFF」の展開と、新規中古業態の開発・運営・加盟店経営指導などを主事業とする、1991年に設立された企業です。その傘下には、ブックオフオンライン株式会社等国内６社、海外３社のグループ会社があり、ブックオフグループを形成しています。ブックオフグループは、積極的に本を通じた社会貢献活動を展開し、そのうちのひとつである社会貢献プログラム「ボランティア宅本便」においてSVAと知り合います。ボランティア宅本便は、古書をブックオフに持ち込む顧客が得る「買取金額」をNPOへ全額寄付するプログラムです。顧客はブックオフが提携した８団体の中から寄付先を指定するわけですが、そのうちの１団体がSVAでした。

またブックオフグループはその他にも、ブックオフのフランチャイズ加盟店を持つ企業と合同で取り組む「BOOKS TO THE PEOPLE」という社会貢献活動を行っています。「人には本がいる」という思いで、本を介した社会貢献を行う活動です。BOOKS TO THE PEOPLE 担当の総務部の堀内美堅さんと小森谷麻美さんは、東日本大震災後、このプログラムで被災地の人々の支援ができないかと模索します。被災地での活動の評判が高かったSVAに、一緒に何かできないかと声をかけたのが始まりでした。そして、宮城県、福島県において、両者で移動図書館を運営することが決まりました。その際、ブックオフはお金を出すだけでなく、ボランティアとして人を出したいとSVAに希望しました。SVAのアドバイスを受けて、ブックオフは、この協働事業に継続的にコミットするボランティアのコア（中心）メンバーを選出して、チームをつくることになります。

2012年７月、両者は覚書を交わします。そこで、この移動図書館事業は、仮設住宅の巡回地での住民とのコミュニケーション及び本の貸し出しを目的として、最低でも３年間の継続を目途とすることが明記されました。同時に、SVAの山元事務所が開設されました。

協働の内容

この協働の役割分担は、SVAが山元事務所を拠点に移動図書館の立ち上げ、運営を行い、ブックオフは、金銭的支援（１年目1000万円、２年目700万円の寄付）と、社員ボランティアによる活動支援を行うことになりました。

ブックオフでは、移動図書館事業をBOOKS TO THE PEOPLEの中核事業として位置づけ、それを担う８名のコアメンバー・チームを形成しました。このコアメンバーは、社内の各部署から選出され、協働事業の立ち上げから継続

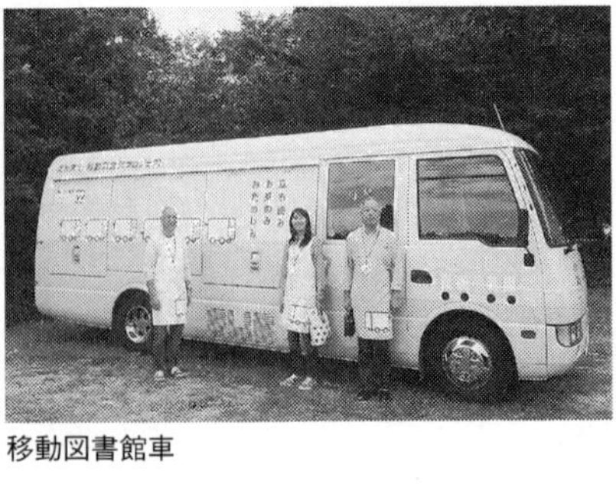
移動図書館車

的に関与しています。ブックオフおよびその加盟店は、月2回、山元事務所に1泊2日でボランティア・チームを派遣しています。ボランティア・チームは、パートやアルバイトも含めた全社員から希望者を募り、各回6名程度で編成されます。そのボランティア・チームには必ずコアメンバーの誰かが入り、ボランティア・チームをサポートします。

移動図書館の魅力的なレイアウト

このようにして、山元町と南相馬市の各8ヵ所（その後南相馬市は12ヵ所に拡大）の仮設住宅を定期的に巡回することになりました。1ヵ所1時間で、1日4ヵ所まわります。仮設住宅の住民からみると、月に2回、移動図書館が来ることになります。1時間の訪問滞在で、本の貸し出しと、お茶類をふるまい、ゆったりとコミュニケーションができるような場を提供しています。そこでは、社員ボランティアと被災した子どもたちが一緒に遊ぶ姿もみられます。

移動図書館車には、1500冊～2000冊の本が積まれます。本棚には本紹介のPOP広告等、本屋さんと同じように、手に取ってみたくなる工夫がなされています。

1泊2日の協働の現場

ボランティアへの応募者は、フランチャイズ・チェーンの加盟店企業の社長や社員、パート・アルバイト、ブックオフグループ本部のスタッフや取締役のメンバー、全国の店舗スタッフ、パート・アルバイトまで、多種多様です。彼らは、移動図書館の巡回日の前日の朝、仙台駅に現地集合します。全国から集まった社員ボランティアたちは、そこで初顔合わせをします。そこから山元町へ移動して、SVAの人たちと挨拶を交わし、午後は被災地視察をして、仮設住宅の住民と接する前に、被災地の現状の理解に努めています。夕方には、翌日の移動図書館に備えて、本の在庫登録や陳列といった作業を皆で行います。その後翌日のミーティングを行い、夕食後はSVAのスタッフと全国から集まったブックオフ社員が自由に語らう貴重な時間となっています。

2日目は、朝礼後、午前中に2ヵ所、午後に2ヵ所、仮設住宅を巡回して、貸出業務や返却作業を皆で行います。そして、何よりも、お茶やコーヒーを飲みながら住民の方々とお話したり、一緒に本を選んだりというコミュニケーションを大切にしています。その日の夕方、改善点や感想を共有する振り返りのミーティングを行って、ブックオフ社員は仙台駅で解散となるのです。

協働の成果と組織の成長

2013年9月までの1年で、ひとつの仮設住宅の訪問回数は平均23回、延べ利用者は山元町で2680人、南相馬市で1472人、貸出冊数は計約9000冊、そしてブックオフの派遣したボランティアは延べ100名を超えました。

SVAの山元事務所は、所長の古賀東彦さんを中心に、フルタイムの契約スタッフ1名、パート2名、それに契約ドライバー3名体制でスタートしました(現在はパート1名、契約ドライバー5名)。古賀さん以外は地元の方たちを採用しました。中には仮設住宅に住んでいる人もいます。SVAの東京事務所スタッフも立ち上げの際には協力に駆けつけました。

一方、ブックオフではボランティアの公募をかけると、募集の2倍ぐらいの応募が来るほど社内での認知が高いプログラムになっています。社長の発案で、ブックオフの社員総会にSVAの古賀さんが招かれて活動報告をする機会もありました。

SVAにとって、この協働は、新しい地域での安定した移動図書館事業の継続を可能にしました。また、ブックオフにとっては、この協働は社会貢献活動BOOKS TO THE PEOPLEの中核となるプログラムにまで育ちました。本業の「本」を通じた社会貢献であり、初めて資金だけではなく本格的に社員ボランティアが参画する協働です。ボランティアに参加した社員たちは、紙の本の持つ力を再認識しています。「2週間に1度の移動図書館が唯一の楽しみ」という住民の声。手に取って選んで楽しむ紙の本の力、そして本を通した触れ合いの場づくりという、この活動の素晴らしさを実感して、本業で扱う「本」の尊さを再認識しているのです。

移動図書館の案内板

「今回の移動図書館での体験ほど、ブックオフグループの一員であって良かったと感じたことはありません」といった声も参加した多くの社員からあがっています。このように、普段は出会えない人々との交流や本による貢献を通して、いろいろな気づきを得るとともにブックオフとしての連帯感を感じることができ、「社風にとって良い影響が生じている」と総務部CSR担当マネージャーの小森谷さんは語ります。

今後の課題と可能性

SVAとブックオフは、計画立案から実施まで常に情報共有をして、成果についても、各々が活動報告書を作成して共有しています。交通・情報弱者でもあり、制約の多い仮設住宅暮らしを余儀なくされている人々に対して、本を通じて癒しの場を提供するという思いを共有して、成果を出してきました。１年間で延べ4000人以上の被災地の住民が、9000冊の本と出合うことができたのです。３年間継続し、その後は現地の状況をみながら、ニーズがあり続けるならば続けたいと両者の思いも一致しています。

今後の課題としては、ブックオフの支援の方法として、ヒトやカネの支援だけでなく、経営資源の「情報」といった面での支援も考えられるでしょう。本業の運営ノウハウや工夫をこの協働にもっと反映することができるはずです。また社会貢献の枠で終わらせずに、本業への影響をより積極的に考えて、新規事業創造等に結びつける考え方をしてもよいのではないでしょうか。SVA側も、移動図書館事業をどのように継続・発展させていくのでしょうか。ブックオフとのつながりを、移動図書館事業以外にも発展させる道があるかもしれません。この協働事業には今後も発展する可能性が秘められています。　（文責：横山恵子）

■調査協力（現地調査　2013年10月３日　山元町の仮設住宅の移動図書館）

古賀東彦氏（公益社団法人シャンティ国際ボランティア会山元事務所長）
笠井俊一氏（公益社団法人シャンティ国際ボランティア会東京事務所）
堀内美堅氏（ブックオフコーポレーション株式会社総務部チーフマネジャー）
小森谷麻美氏（ブックオフコーポレーション株式会社総務部CSR担当マネージャー）
ほか、SVAスタッフ４名、ブックオフのボランティアスタッフ７名

case
8

「防犯防災BOX新みまもりロボくん展開」事業

自販機を通して、地域の安心・安全を高める

NPO法人 地域情報支援ネット	＋	ハイクラスドリンク株式会社

NPO法人地域情報支援ネット（以下、地域情報支援ネット）は、大阪府東大阪市を拠点として活動するNPOです。「地域はそこに住んでいる人が自らつくらねばならない」という考えに立って、コミュニティづくりを推進するための地域支援事業を行っています。自治会や商店街といった地域内のさまざまな主体と協力して、地域情報を集め、交流させ、そこから地域の発展を支援することを目指しています。

一方、ハイクラスドリンク株式会社（以下、ハイクラスドリンク）は、各種自動販売機による商品の卸売と販売管理を主事業とする兵庫県姫路市に本社がある会社です。

この両者がパートナーシップを組んで、自動販売機にさまざまなお役立ち機能を付加した自動販売機「みまもりロボくん」の設置・運営を行っています。最新型の「新みまもりロボくん」には、警報ブザーボタン、防犯カメラ、災害時対応を主眼とする地域情報の発信用液晶モニターが整備されていて、地域の安心・安全を守るためのさまざまな機能や寄付機能がつけられています。そしてさらに緊急時の放送機能も付加したいと、両者は将来の夢を共有しています。

みまもりロボくんとの出会い

地域情報支援ネットは、８年前の2005年から防犯･防災自販機「みまもりロボくん」の設置を、自治会や商店街、大手ベンダー企業の協力を得ながら行ってきました。当時自販機みまもりロボくんは、防犯カメラ、パトライト（警光灯）、警報防犯ブザーを装備して、災害

「新みまもりロボくん」と関係者たち

時には飲料水も提供する仕様でした。現在までに東大阪市内に12台設置されています。

このみまもりロボくんは、その後2009年に認定NPO法人ハートフル福祉募金（以下、ハートフル福祉募金）と協力することにより、赤い羽根共同募金機能を搭載してバージョンアップします。

ハートフルベンダー自販機の特徴は、ジュース等の販売ボタンのほかに10円と100円の募金ボタンがついていることです。このボタンを押すと赤い羽根の共同募金会に募金ができる仕組みになっていて、ジュースを買ったおつり分から自動的に募金ができます。ジュースを買わずに募金だけする自動募金箱としても使えます。ハイクラスドリンクは、兵庫県を中心に関西でこのハートフルベンダー自販機を管理運営していたことから、ハートフル福祉募金を介して、地域情報支援ネットと知り合います。

募金機能のついた「ハートフルベンダー自販機」

地域情報支援ネットは、このバージョンアップした「みまもりロボくん」を導入してくれるベンダーや自治会、商店街を探していました。しかしながら、みまもりロボくんの導入に賛同してくれるベンダーや商店街はなかなか現れません。なぜならば導入コストが通常の自販機よりも、液晶モニター搭載の新型で約145万円、非搭載型で約15万円高くなるからです。また自販機の設置数は飽和状態で、設置場所が見つけにくい現状があります。

地域情報を表示する「液晶モニター」

お互いができること

みまもりロボくんの設置が思うように広がらない中で、地域情報支援ネット理事長の幸田栄長さんは、自治会や商店街、そしてハートフル福祉募金のネットワークの中から、協力者を地道に開拓します。特に、みまもりロボくんの設置運営に関しては、ハートフル福祉募金の会員企業（自販機ベンダー）の中で協力してくれる企業がないか、広く声をかけます。その中で唯一、ハイクラスドリンクが協力相手として手をあげてくれました。では、なぜハイクラスドリンクはみまもりロボくんの設置運営に協力することにしたのでしょうか。

代表取締役社長の釼持（けんもつ）公一郎さんはこう語ります。「自販機の存在価値を高めたいという思いがありました。みまもりロボくん自販機は、募金機能だけでなく、地域の安心・安全を高めるという尊い目的があり、本業で協力できることに意義を感じました」。このような社長の考え方の下、ハイクラスドリンクが自販機「みまもりロボくん」の協働事業に参加することになりました。

協働の役割分担は、以下のようになります。地域情報支援ネットはみまもりロボくんの設置場所を確保します。この時には、自治会や商店街との話し合いを重ねて協力を取りつけています。

例えば、社団法人瓢箪山地域まちづくり協議会との協力関係から、瓢箪山商店街に、「新みまもりロボくん」が２台設置されることになりました。新みまもりロボくんとは、先に述べたように地域情報を発信するための液晶モニターがつけられたものです。バッテリー電源を積み、停電時の自販機稼働や携帯電話充電も可能にしています。液晶モニターは平常時には大型映像と音声でいろいろな地域情報を発信して、地域の情報共有を目指したものです。

非常時には緊急時のTVニュースや緊急地震情報、避難誘導等の情報発信が考えられています。みまもりロボくんに関する責任は、地域情報支援ネットが持ちます。つまり、みまもりロボくんの設置場所の開拓や、防犯カメラの記録開示、電気使用量の支払いをはじめとする、みまもりロボくんの各種窓口は、地域情報支援ネットが責任主体となっています。

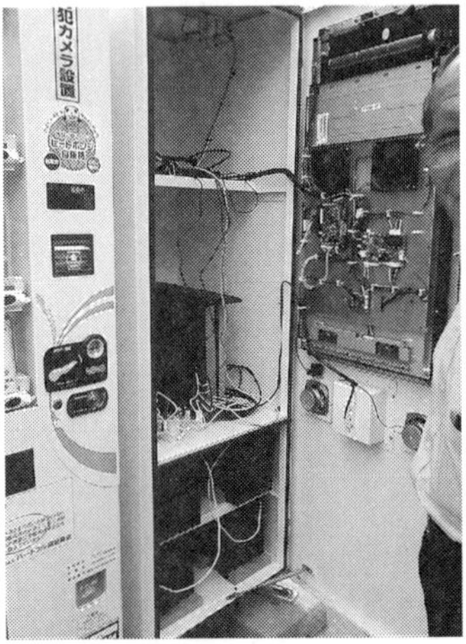
液晶モニター内部

一方、ハイクラスドリンクは、一般の自販機に防犯カメラ、パトライト、警報ブザー等、ロボのビジュアル機能を付加することを自販機メーカーにお願いして、ロボ機能の管理運営といったオペレーションを担います。

協働の成果

新みまもりロボくんのように、地域の安心・安全を目指して、多様で複合的な機能を乗せた自販機は他に類をみないとのことです。またこのような自販機設置を、NPOが主体となって地元の声を吸い上げながら設置していくようなビジネスモデルも全国初です。

小学校の近くに設置されたみまもりロボくんの場合、校長先生がロボくんの内容を生徒たちに話して周知したりしています。生徒たちは興味を示して、気軽に募金するようになったそうです。この協働事業で、毎年約30万円強の募金が集まっています。瓢箪山商店街では年に1回みまもりロボくん赤い羽根共同募金啓発パレードが実施されていて、2013年で4回目となりました。地域の中でも、みまもりロボくんの取り組みは認知されてきています。

これまで、警察や住民の要請を受けて、何度も防犯カメラに記録された映像を提供してきています。現段階では、幸いなことに緊急を要する状況に見舞われていないため、防犯ブザーやスピーカーの活用実績はないそうですが、もしもの時に備えて、みまもりロボくんは新・みまもりロボくんと併せ、東大阪市で計14台稼働中です(2013年9月時点)。

今後の展開と課題

地域情報支援ネットの幸田さんはみまもりロボくんについて、開発当初、一気に100台ぐらいの設置は可能ではないかと思ったと述べています。現実は導入コストが高いためなかなか設置が伸びず苦戦しています。しかしながら、技術の進展とともに、より導入コストがかからない形で設置することが可能になるかもしれません。

将来的にはさらなる改良も考えていて、その方向性はハイクラスドリンクとも共有しています。地域の安心・安全をより一層高めて、情報共有による地域活性化を目指して、自販機に放送機能をつけるというものです。自販機を「安心・安全に欠かせない、地域にとってより便利で価値があり面白いツール」にしていこうという方向性です。新たな放送事業者の認可が必要となる取り組みのため、未来に向けた構想段階ではありますが期待したいと思います。　（文責：横山恵子）

■調査協力（2013年９月17日　現地調査）

幸田栄長氏（NPO法人地域情報支援ネット理事長）
大和正典氏（NPO法人地域情報支援ネット）
高橋眞人氏（NPO法人地域情報支援ネット／認定NPO法人ハートフル福祉募金事務局長）
岡本定雄氏（社団法人瓢箪山地域まちづくり協議会委員長）
戸屋隆章氏（認定NPO法人ハートフル福祉募金関西ブロック）
國岡公江氏（東大阪市縄手上四条校区自治連合会女性部長）
釼持公一郎氏（ハイクラスドリンク株式会社代表取締役社長）
戸屋隆章氏（ハイクラスドリンク株式会社顧問）
久保井悦男氏（ハイクラスドリンク株式会社取締役）

第Ⅱ部

「パートナーシップ大賞から協働を考える」

PSC創立15周年
&
第10回日本パートナーシップ大賞
記念シンポジウム

第Ⅱ部

はじめに

岸田　皆さま、こんにちは。記念すべき「第10回日本パートナーシップ大賞」にようこそお越しくださいました。本日は第1部に第10回日本パートナーシップ大賞とパートナーシップ・サポートセンター創立15周年を記念してのシンポジウムを、そして第2部に例年の「日本パートナーシップ大賞」最終審査&表彰式を予定しております。

2002年から始まったパートナーシップ大賞は、10年余りを経て、全国の志ある方々の手によって着実に成果を積み上げてまいりました。15年前の1998年、パートナーシップ・サポートセンターを立ち上げた時から「すぐにでもパートナーシップ大賞を始めたい」と思っていました。しかし当時は、NPOからも企業からも「自分たちの自主的な活動を評価されたくない」と言われ、しばらくこのアイデアは寝かせていました。そしてようやく2002年に実現したのです。

今や協働ということが、珍しくはなくなってきました。そういう意味では隔世の感があります。また、当団体設立の時に記念講演をしていただいた経団連の方からは、企業とNPOの協働に着目した当団体の活動を、驚きとともに非常に高く評価していただきました。

そして2002年に行った第1回パートナーシップ大賞では、北海道からご応募いただいた「車いすの集配・はこび愛ネット」事業がグランプリに輝きました。この事業は、関わった人すべてがハッピーになるという、協働の素晴らしさを見事に証明してくれた事業と言ってもよいと思います。第1回の成功によって、この事業に確信を得ることができ、紆余曲折を経ながらも、なんとか10回までこぎつけることができました。NPOによる全国規模のものとしては初めての表彰事業でした。

NPOと企業が地域や社会のさまざまな課題に目を向け、両者の得意を活かしながら、あるいは互いに弱みをカバーし合いながら、それぞれが内部に変化をもたらし、地域や社会のあり方に一石を投じ、大きな変化をもたらしてきた多くの事実は、パートナーシップや協働のもつ限りない可能性を世に提示してきたと言えるのではないでしょうか。

そして本日、記念すべき第10回。どの事業がグランプリに輝くのか。私どもも本当にわかりません。今回はまさに激戦の予想です。本日皆さまとともに、有意義な時間を持てますことを期待し、開会の挨拶とさせていただきます。

PSC創立15周年＆第10回日本パートナーシップ大賞
記念シンポジウム

「パートナーシップ大賞から協働を考える」

2013年11月30日㈯　12：30～13：50
中京大学　ヤマテホール

●シンポジスト

野田沙良氏（NPO法人アクセス―共生社会をめざす地球市民の会事務局長）
……………………………………………………………※第8回グランプリ受賞NPO

松浦信男氏（万協製薬株式会社代表取締役社長）… ※第9回グランプリ受賞企業

岸田眞代　（NPO法人パートナーシップ・サポートセンター代表理事）

●コーディネーター

河井孝仁氏（東海大学文学部広報メディア学科教授）

パートナーシップ大賞受賞事業についての紹介

河井　それではただいまからパネルディスカッションを始めさせていただきます。まず、野田さん、松浦さんからパートナーシップ大賞に関わる事業について、どのような経緯だったのかご発表いただき、それについて岸田さんからコメントをいただき、ディスカッションに入りたいと思います。

野田　NPO法人アクセスで事務局長をしております野田と申します。
　私どもの子どもたちに給食を届ける、「心のそしな」事業は、近畿

過去のグランプリ受賞事業

回	事業名	NPO	企業・その他
第1回	車いすの集配・はこび愛ネット事業（北海道）	NPO法人 「飛んでけ！車いす」の会	札幌通運株式会社
第2回	地域メディアフル活用のNPO情報発信事業（新潟県）	NPO法人くびき野 NPOサポートセンター	株式会社上越タイムス社、エフエム上越株式会社、上越ケーブルテレビジョン株式会社
第3回	ビーチクリーン作戦＆子がめ放流会事業（静岡県）	NPO法人サンクチュアリエヌピーオー	ヤマハ発動機株式会社
第4回	企業ができるこどもたちへの環境学習支援事業（兵庫県）	NPO法人 こども環境活動支援協会	LEAF企業プロジェクト （大栄サービス株式会社他31社）
第5回	点から線へ、線から面へのまちづくり事業（滋賀県）	石坂線21駅の顔づくりグループ	京阪電気鉄道株式会社大津鉄道事業部
第6回	地域社会の防災力の向上に向けた協働事業（大阪府・東京都）	NPO法人プラス・アーツ	東京ガス株式会社
第7回	モバイル型遠隔情報保障システム普及事業 （長野県・東京都・茨城県）	NPO法人長野サマライズ・センター	ソフトバンクモバイル株式会社 筑波技術大学
第8回	子どもたちに給食を届ける、「心のそしな」事業 （京都府・大阪府）	NPO法人アクセス―共生社会をめざす地球市民の会	近畿労働金庫
第9回	まごコスメプロジェクト事業（三重県）	NPO法人植える美ing	万協製薬株式会社、株式会社相可フードネット「せんぱいの店」、多気町

ろうきん本店営業部の皆さまと一緒にフィリピンの子どもたちをハッピーにする事業として2010年から行ってきました。そして、２年前(2011年)にパートナーシップ大賞をいただきました。

まずアクセスについてですが、貧困問題をテーマにフィリピンと日本で活動を行っている団体です。いわゆる国際協力、という分野です。フィリピンの貧しい家庭の子どもたちに奨学金を提供したり、働きたい女性たちに仕事を作り出したりということを25年間行ってきました。

実は最初は京都のお菓子メーカーが社会貢献活動の一環として作った団体でした。しかし2000年頃にその会社の経営がうまく回らなくなり、国際協力活動を継続できなくなったので、そのタイミングでNPOの法人格を取り、企業からの支援はなしで、自分たちだけで、また一からやっていくということになりました。

私はその後に入ったスタッフなので、企業と一緒に何かをするということは経験もありませんでしたし、どちらかと言えば企業との協働は苦手でした。

転機となったのが「心のそしな」プロジェクトでした。最初は近畿ろうきんの本店営業部の営業の方からお話がありました。「預金された方にお渡ししている粗品が、そんなに喜ばれていない現状がある。それをうまく活かして、お客様にも喜んでもらえて、NPOにもプラスになって、企業にもうれしい、そういう仕組みを作れないか」という相談をいただきました。それで始まったのがこのプロジェクトです。

これまで４年間でフィリピンの子どもたちに約６万9000食の給食を届けてきました。近畿ろうきんのお客様が預金をすると、粗品を受け取る代わりに、本来粗品代として計上されていた予算をアクセスに寄付し、私どもがそのお金をフィリピンの保護者にお渡しし、その保護者が子どもたちに給食をつくる、そのことで子どもたちの栄養状態が改善されて学習も進み、子どもたちの教育レベルも上がっていく、という仕組みです。私たちアクセスは子どもたちの様子を写真や動画に撮り、わかりやすくまとめて近畿ろうきんを通じて、お客様に成果を届けていく。この成果である子どもたちの笑顔や「子どもたちがこんなに大きくなりました」ということ自体が粗品である、ということです。

近畿ろうきんさんが重視されていたのは、「わかりやすさ」と「粗品代わりに報告が届く」ということです。私たちもそれに応えられるように、現場で撮った写真でいろいろなタイプのチラシや報告書を作り、動画の作成などを行ってきました。

その取り組みをパートナーシップ大賞に応募したところ高く評価され、それがきっかけで、いろんなメディアで紹介していただきました。京都の非常に小さな団体でこれまで注目されることはありませんでしたが、これを機会にいろいろな方に関心を持っていただけるようになりました。近畿ろうきんからも、「もともとの利用者が『ろうきんらしい』と喜んでくださった」と聞いています。

野田沙良（のださよ） 氏

NPO法人アクセス―共生社会をめざす地球市民の会事務局長。高校時代にNGO活動や国際協力に関心を持つ。大学在学中にフィリピンの貧困問題に取り組むアクセスでのボランティア活動に参加。卒業後、教育関係の企業・NPOで働いたあとフィリピンへ移住し、アクセス・フィリピンの現地インターンとして２年間活動。
2007年に帰国後、アクセス・日本の専従職員。2011年事務局長に就任。

アクセスの転機となった、近畿ろうきんとの協働、「心のそしな」プロジェクト

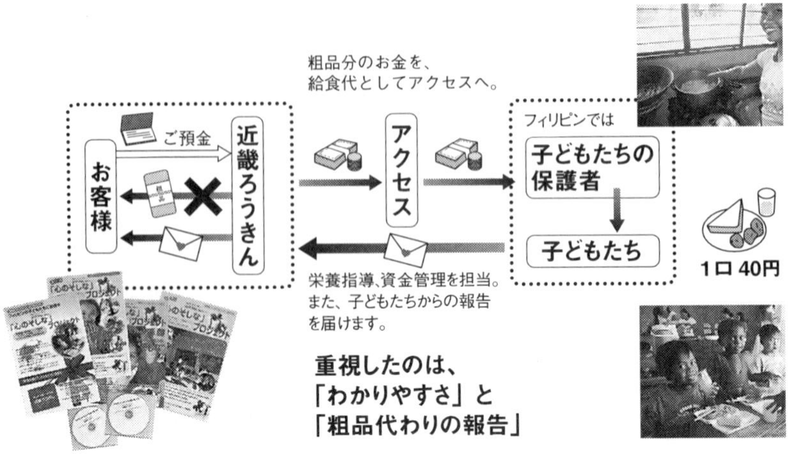

この取り組みを通してこれまで企業と協働をしたことのなかった私たちが刺激を受け、他にもいろいろなチャンスがあるはずだと信じるきっかけになりました。そこから別の取り組みが動き出しました。

それは、ブックオフとの連携事業「ココロ便」です。古本、CD、DVD、ゲームなどを寄付すると、それをブックオフが買い取り、買い取り金額の10%をブックオフが上乗せして、その金額がアクセスに入ってくる仕組みです。

実は、他のNPO・NGOもブックオフとすでに提携をしていて、それを見て「私たちもやりたい」と思い、電話をしてお願いをしました。最初は、「認定NPO法人ですか？」などいろいろなことを聞かれましたが、その時にパートナーシップ大賞でグランプリを受賞したことも少し評価されたようです。

これも「心のそしな」プロジェクトと同様に、わかりやすく、お客様に特別な負担がないので参加しやすいところが、お客様に大変喜ばれているようです。

私たちの団体は企業との連携に全然慣れていなかったのですが、やってみたらこういう結果になりハッピーという状況です。協働してみて本当に良かったと思うのは、近畿ろうきんととても良い関係を築くことができたこと、ろうきんが何を求めているのか、私たちが何を達成しようとしているかを何度も話し合い、その実現のために双方が

努力したり工夫したりする関係ができたことです。

また、私自身が視野を広げていくきっかけになりました。もっと頭を柔らかくして、もっと縁とかきっかけをつないでいくようになっていかなければならない、と感じています。

松浦　万協製薬の松浦です。私どもは、高校生と一緒に化粧品をつくり、その化粧品により園芸福祉活動を進めています。相可高校との協働事業を行う前に、本業を活かしたCSR活動として「地域貢献ブランド」を開発していました。例えば、熊野古道の間伐材を使ったクリーム、捨てられていた屑真珠からつくったクリーム……などです。ところが出しても、少しは売れるがそれほどヒットしないという状況でした。

まつうらのぶお
松浦信男 氏

万協製薬株式会社代表取締役社長。1982年、父が創業した万協製薬株式会社に入社。1995年に阪神・淡路大震災で被災。1996年、三重県多気郡多気町で再スタートした万協製薬株式会社の代表取締役に就任した。文部科学省中央教育審議会生涯学習課委員、多気町商工会会長、多気町工業会会長、松阪法人会多気支部会長、三重県薬事工業会理事などを務める。

そんななか、相可高校の生産経済科の生徒が、園芸福祉活動をするために2008年に立ち上げたNPO法人植える美ingより、当社に対して「いろいろ協力をしてほしい」と話がありました。高校生が日本で初めて立ち上げたNPO法人です。

このプロジェクトは、高校生のつくったNPO、役場、当社という産官学連携によるもので、地元産品を使った「まごころ」ブランドのスキンケア商品を開発・販売する「まごコスメプロジェクト」事業です。「どうせならはじめから高校生と一緒に化粧品を作ろう」ということで、企画・アンケート・製造まで一緒に行うこのプロジェクトが始まりました。

現役の高校生が商業用の化粧品をつくり、その活動自体にも社会的意義があるということで、大変注目をされています。モンドセレクションをいただいたり、近江兄弟社にも理解され、別の会社でも商品開発が広がっています。

7品目は井村屋さんと協働で開発したもので、大量の小豆の皮を使っています。おかげさまで年間4000万円売れています。コンセプトが明確なのと、中身が良いということです。

このパッケージに記載されている「かきみちゃん（かき＋みかん＋お茶が入っていることからネーミング）」は、色々なコスプレをしながら皆さまにまごころや“well-being（幸福、よく生きる、福祉）”を育て、届けています。

おかげさまで現在は全国で発売し、輸出もされています。その結果、相可高校のこの学科の受験倍率も上がっており、入学時から「この活動に関わり万協製薬に入りたい」という学生もいるそうです。毎年卒業生を１名ずつ採用しています。インターンシップを３年間やっている、ということになります。

パートナーシップ大賞の評価ポイント

河井孝仁（かわいたかよし）氏

※ P.120筆者紹介参照

河井　お二人の発表はとても興味深いものでした。では、岸田さんから、グランプリ受賞までのプロセスや、どういう点が評価されたのかについて、お話をいただきたいと思います。

岸田　第８回グランプリの「心のそしな」事業の大きな特徴は、今まではこういった事業はCSRや社会貢献の担当部署がNPOとの協働を推進しているケースが多かった。しかしこの事業は、ひとりの営業マンが「粗品が有効に活かされていないので、そのお金を何とかして活かしたい」という想いからスタートしたものです。しかも、アクセスさんに直接行ったのではなく、中間支援NPOを通じて協働が始まった事例であることも特徴のひとつと言えます。

また第９回グランプリの「まごコスメ事業」の大きな特徴は、松浦さんのお話にはあまり出てこなかったのですが、高校生と企業の間に行政（多気町）が入っていたことです。「地元を何とかしたい」「生産経済科の高校生たちを活かしたい」という行政職員がいて、万協製薬と高校生を結びつけたことがきっかけでした。

次にグランプリまでの流れについて。応募のハードルが高いのが特徴で、まず、応募時点で企業とNPOが協働しており、両者が応募することに合意していることが必要です。そして書類選考を通過すると、NPOと企業に複数の調査員がヒアリングを行い、再び審査を行って通過した団体が、最終選考会に出場となります。

パートナーシップ大賞受賞事業についてコメント

河井　野田さんと松浦さんは、それぞれの事業を聞いて、どのように感じましたか。

野田　楽しそうだという印象を受けました。さまざまな異なる組織や人が関わることによって、単体では生まれなかった成果が次々と生まれ、発展していますね。アクセスではそこまで経験できていません。すごく面白いと思ったので、私自身もインターンなどで経験させてもらいたいと思いました。

松浦　野田さんの発表はとても上手だと思いました。パフォーマンスはとても大切。どんなにいい活動をしていても、上手く人に伝えることができなければ、NPOの場合は特に曲解されてしまいますからね。
　銀行の粗品という身近なテーマから始まって、それがしっかりと組みあげられ、海外とつながっている。また、その報告をもらうことが「心のそしな」という表現はとてもチャーミング。また、パートナーシップ大賞を獲得したことでブックオフなどの企業ともつながっているところも、シンデレラストーリーのようで素晴らしいと思いました。

次々と事業を生む秘訣は？

河井　野田さんからは「次々と展開していく力がすごい」という話があったが、どんなところに魅力や秘訣があるのですか。

松浦　多気町には、岸川政之さんという有名なカリスマ公務員がいらっしゃって、職種は、「まちの宝特命監」。彼は、10年前に、町のお金を使って相可高校の食物調理科を支援して「まごの店」を始めた人です。ある時、岸川さんが私のところを訪ねてきました。「食物調理科が元気になるのはいいが、同じ高校で子どもたちの気持ちに差があるのはかわいそうだから、松浦さん、協力してくれませんか」という相談がありました。しかし私はプロですから、「高校生に化粧品なんかつくれるわけない、彼らはユーザーではないか」と話しました。

レストランがまごの店というので、あらかじめ、孫がお爺ちゃんに塗るひざ痛のクリームを試作して、１回目の打ち合わせで高校生にそれを見せたんですよ。すると高校生は「そんなダサいのは、つくりたくない」「私たちが使いたくなるようなものを作ってモンドセレクションで金賞をとりたい」と言ってきた。それで私も怒って、「プロにそんなこと言うとはどういうことかわかっているのか」「夏休みも一切ないからな」と言って、そこからこの事業が始まりました。

まごころ tea ハンドジェル完成！

つまり、こちらはビジネスで、単なる企画ではなくヒットしなければ次がないし、作るだけならだれでもできる、続けられるかどうかは君らのすべてにかかっている、ということをプロとして伝えました。

パッケージには何のための商品であるかを克明に表記して、広く一般の人たちに評価してもらっています。売れ続けているから続けることができています。

また、考え方がわかりやすいことも良かったと思います。田舎の高校生が自分の地元を元気にするために、お爺ちゃんと高校生がつながっている。そうすると真ん中の世代である大人は黙って見ていていいのか、ということになる。そういう仕掛けを彼女たちは作ったことになる。ニュース的にもキャッチャーな部分もあったのではないかなと思います。

わかりやすさが参加を促す

河井　松浦さんのお話しの中に、重要なキーワードとして「わかりやすさ」というのがありました。野田さんの最初の発表の中にも、単純な「わかりやすさ」ではなく、「わかりやすさが参加を促す」ということが出てきました。そこをもう少し詳しく教えてほしいです。

野田　松浦さんのお話では、ストーリーが見えるから商品としても欲しくなるのではないか、と思いました。同じような商品はたくさん並んでいるが、「これを買えばこの人が裏で幸せになる」ことが見えるのがいい。それは、「心のそしな」も同じ。銀行はたくさんあるが、ろうきんを選べばフィリピンの人がハッピーになる、というストーリーがある。しかも、「仕組みは簡単」というのがいいのではないでしょうか。例えば、「フェアトレード」の商品と言われた時、フェアトレードという説明をしなければならない。言葉を知らないと、理解ができないと進まないという難しさがあると思います。

河井　「わかりやすさ」というのは、簡単だとか楽だとかいうことではない。「わかりやすさ」にはきちんとストーリーが込められている。力が入っていないとわかりやすくならない、ということなのでしょうか。

松浦　そのとおりだと思う。事業が始まった当初、私自身が「こんなことできる訳がないじゃないか」と思っていました。高校生は「自分たちのデザインをパッケージに入れたい」と言っていたが、私は「かきみちゃんというイラストでは売れない」と思っていました。ところが、デザイン会社に出す時に入れておいたら、意外と反応がよかったんですよ。

そうは言っても、高校生しか買わないと思っていました。しかし、彼女たちは駅でアンケートを取り、「かわいいものは大人も好きなんです」と言って、結果を見せてくれました。また、実地マーケティングをするなど、ひとつひとつキャッチボールをやってきました。誰でもストーリーとしては考えられるが、実際に実現することは難しい。それを私たちは3年半やってきた。途中からは、これ実際にすごいことやっていると思いました。

そこで、こういった経緯を商品のパッケージに書いて、他の大人にもわかってほしいと思いました。ちょうどその時、近江兄弟社さんがそれを見て、「すごくいいことしてるね」と声をかけてくれました。最初冗談だと思っていたら、「うちもそれやらしてくれ」と、その社長がわざわざ高校の校長先生に頭下げに来てくれた。そのあたりからこれはすごいことをしているんじゃないかな、と思いだしました。そのころ、岸田さんと一緒に講演をする機会があり、その時に、「それ、ぜひパートナーシップ大賞に出して」と言われて、出したらここまで来ました。わかりやすさは大事だけれど、それをきちんとしたかたちでパフォーマンスにすることは難しいことだと思いました。

「わかりやすさ」を支えていく

河井 「わかりやすさ」を裏打ちしていく重要性、について話がありました。

岸田 松浦さんと初めてお話した時、NPOとの協働についてはあまり意識されていないようでした。企業が何をやるかという観点からのお話でした。でも私がそのお話をお聞きしたら、「これこそパートナーシップ大賞にふさわしい協働だ」と思って声をかけさせていただきました。

岸田眞代（きしだまさよ）

※編著者紹介参照

同時にアクセスさんの方も、実は企業側の「事業開発コストゼロ」で、ここにも重要なストーリーがあります。もともと確保していた粗品分のお金を使って国際的な貢献を行い、しかも納得した店舗でしかこの事業を実施していないんですね。

その意味では、展開がきちんとできていればいるほど、ストーリーは生まれてくる。自分たちが何をやりたいかが明確になっていれば、ストーリーがどんどん展開していくことは、よくあることだと思います。

松浦 僕もはじめは岸田さんに言われるまでNPOとの協働ということを意識していなかった。しかし、NPOが入ることによって下世話になりにくい、ことがわかった。例えば、企業と企業の場合だと、そんなことしてどれだけ売れるんや、どれだけ儲かるんや、ということばかりが前に出るんですね。つまり、売れたものが良くて、売れないものは価値がない。30年くらいこの世界で仕事しているが、そういうことばかりですよ。

県立高校だから、あるいはNPOだからできないこともある。でもそういう中で、なぜこういう活動をするんや、ということをみんなが考えるようになった。それは、社会について考えるということの、ものすごい近道だということがわかりました。そういう視点で見た時、企業とNPOと一般の人など立場の違う人が、志の高いところで動いているところに(協働の意味が)あるのではないかと思います。

志(こころざし)の力

河井　今松浦さんが言われたように、大事な言葉として、「志の力」が存在するように思います。もちろん企業にも志はあるが、NPOというのは金銭的な利益以上に志を大事にしており、それが大きな意味を持っている。アクセスさんでは、「志の力」みたいなものを考えながら、近畿ろうきんとどういう意味を持って協働していったのでしょうか。

野田　質問に対応しているかわかりませんが、志だけで突き進んできていたところがあります。最近になって、ようやく経営も考えるようになりました。

私たちは志が最優先であり、そのことをろうきんの担当者と共有してきました。担当の営業の方は、「志の高い活動にわくわくする」「楽しい」と言って私たちの事務所に頻繁に足を運んでくれました。担当の方自身が、「ものすごくモチベーションが上がった」ともおっしゃっていました。「もともと営業目標に向かってお金を集めること自体はあまり面白いことではないけれども、こういう協働事業があるから頑張れる」と聞いています。私たちはそれを聞いて、「そうか、私たちの活動が企業にとってもプラスになるんだ」と思うと、私たちも現地で成果出さなきゃいけないな、というモチベーションにもなりました。お互いに刺激し合っていたと思います。

「わくわくする」事業

河井　人をわくわくさせる力がある。先ほどの松浦さんの話でも、「わくわくする」という話がありましたが。

松浦　学生は、言うことをきいてくれないんですよ(笑)。会社の場合、社長が指示を出したら「社長がそういうなら」社員は従ってくれる。しかし学生たちには「私たちの商品なのに、なぜ親父(社長)の感性で決めるんですか？」と言われる。私も「確かにそうだな、君たちで作って君たちでプロデュースしてもらうのに、親父がしゃしゃり出て……」となる。こちらはキャリアもあるし、そんなことは言われたこともない。しかも、高校生が来て商品開発を始めると、社内の雰囲気も変わり、和やかになりましたね。

そして商品がヒットして評価され、異なる立場の人たちと一緒に、しかも社会的には園芸福祉という大きな命題が重なることで、万協製薬という会社の組織自体も変わっていきました。また外の人からも、製薬会社という堅苦しいイメージから、商品を通じて「こんなこともやる会社があるんだね」と言われるようになりました。

もうひとつ、うちの会社はアウトソーシングの会社で、自分の会社のブランドはありませんでした。しかし、これらの商品を売るためにネットショップを始めたり、販促でいろんなところに行ったり、地元の企業や生協に扱って下さいとお願いに行ったりしました。自社のブランド商品という形でもこの子たちは私たちに新しい活路をつくってくれた。すごいことだと思います。

コラボすることで新しい価値が生まれる

河井　これまで企業にとって当たり前だった価値、NPOにとって当たり前だった価値が、コラボすることでぐらぐらし、それによって新しいものが生まれてくる、ということがあるんですね。

松浦　最近はCSRのなかで地域貢献が行われている。しかしそれをNPOと一緒に行うということは、一般の企業の人はまだ理解してないように思います。だから、「なんでNPOとやってるの？」「NPOとやって何になるの？」ということをよく聞かれる。

しかし私は、こうした取り組みはまさに21世紀型であり、もっとも新しい社会づくりだという視点においては、すごく良い形だと思います。お互い組織を持って、組織の一番いいところをつくり出すことによって、持続可能な新しいチームができる。それが良いところだと思います。

協働の評価

河井　新しい協働の評価というところを、パートナーシップ・サポートセンターはとても早くから考えて、それを具体的な指標にしてきたと思うんですが、岸田さんいかがでしょうか？

岸田　その前に松浦さんの話に少しつけ加えさせていただくと、高校生は松浦さんのところと一緒に研修などを行っていたので、この間ものすごく成長したんですよね。しかも、去年は1800万だった売上が、今は4000万になり、急激に伸びていますね。

松浦　高校生たちがお店に行って、販促会みたいなものを行っている。そうすると彼らは、お金は関係ないのに、「あの子より売れなかったとか」「あのお店より売れなかった」って泣くんですよ。それで「もう一回やらせて下さい」って。大人は、こんなに頑張らないですよ。

岸田　販促も一緒にやったんですよね、韓国まで行って。

松浦　そう。それから今思い出したんですけど、近江兄弟社の社長さんとリップを開発した時、向こうから電話がかかってきて、「３年生の○○さんが、自分と意見が合わないって言って、泣いて飛び出して行かれました」って。「すいません。すぐ謝らせます」って言ったら、「違います、松浦さん」と。「私はそんなことで電話したんじゃない。感動したんです。企画書が通らないからって、泣いて飛び出す社員がいますか？」それで、「よし、そっちに乗れ！」ということになったそうで、近江兄弟社さんとの関係がより良くなったんです。

岸田　本当に成長したなぁ、というのがわかりますね。それから、アクセスさんのところも、これまでなら、お金をそのまま寄付するというのがパターンなんですよね。でも、NPO／NGOが関わることによって、そのお金をただお金として渡すんじゃなくて、保護者が自分の子どもたちの教育をしっかりやるために、保護者が給食をつくるという、そういう仕組みを作ったんですよね。その仕組みが素晴らしい。

松浦　そう。何となくめんどくさい

んですよ。NPOと一緒にやるのは。

岸田　そうですね、時間がかかるし…。

松浦　そう。しかし、そのめんどくささが企業の側に考える力とか、協働とか、そういう目を育ててくれている。やられている方はおわかりだと思いますが。

岸田　その意識変化。協働は苦しいけど、その中に互いの成長がある。それを「評価」で言うと、私たちはその成長を大事にしたいんですね。協働で仕事をやったからいいとか、あるいはモノが売れたからいいということではなくて、協働の中で係わった人がどれだけ成長できたのか、あるいはその協働の度合い、どのくらい対等なのか、そこを大事にしたいと思っています。

もちろん事業ですから、その事業がこの時代に合っているのか、社会的に意味があるのかどうか。それを前提としたうえで、対等に、愉快に協働し、しかもそれが社会に貢献できる。つまり、WIN-WIN-WINの関係を目指している。単なる当事者同士のWIN-WINの関係だけではなく、社会や地域にとってもWINになるという点をしっかり見ていきたいというのがパートナーシップ大賞の重要な点だと思っています。

「めんどくささ」がWINを生む

河井　「めんどくささ」がそのWINを生むのかな、と思いますが、その「めんどくささ」はどうやって乗り越えていけるのか。野田さんはどうですか？

野田　今回の事例に関しては、私たちだけではどうにもならない状況というのが目の前にありました。それを一緒に解決してくれる人がいたら、めんどくさいっていうのはあまり関係ないと思うんですね。めんどくさくてもしょうがないし、それを乗り越えてこそやりたいことが達成できる。

でも未経験のこと過ぎて、しんどいなと感じることもあった。逆にろうきんさんの方がめんどくさい思いをされたのではないかと思います。それは、ろうきんさんの方は、初め給食がちゃんと届けばいいと思っていたのではないかと思います。私たちは、それを給食センターに委託するんじゃなくて、お母さんたちに作らせたいんです、と。そうじゃないと地域力が育たないですから、とかいうめんどくさい話をするわけですね。

でも実際にはそれをやったことによって、地域のお母さんたちがより仲良くなった。幼稚園と合わせて6学年あるのに教室は4教室しかない。教室が足りないので、給食を通じて仲良くなったお母さんたちが、PTA活動として行政に働きかけました。そして学校を2校舎追加で建設する約束を取りつけるところまでいったんですね。

これをろうきんさんの集まりで話させてもらったら、「ああ、やってよかったね」と納得していただけました。面倒な部分もあったと思いますが、時間をかけて説明して一緒にやっていくなかで、みんなで「やってよかった」というところまでたどりつけたことは良かった。ただ、最初はそこまで行けるとは思わなかったので、ろうきんさんには我慢していただいてありがとうございました、という感じです。今後も、そういう嬉しさや喜びを共有できるようにしていきたいと思っています。

本当の協働は、企業の文化を変える

岸田　協働する時には、最初は企業が「NPOに寄付をする」とか「ボランティアを出してあげる」とかいう時には、どうしても企業が上に立ってしまうんですね。けれども、本当の「協働」っていうのは、企業の文化を変えていくというか、相手の内部に変化を起こしているんですよね。だからアクセスさんの場合も、最初に関わったろうきんの営業担当の彼も、会社の内部に、自信を持って影響力を発揮できるようになっていく、というのが見えてきたと思います。

私たちもこれまで何度も言ってきましたが、「いい企業」ってどういう企業なの？という問いかけから、このパートナーシップ大賞を始めたんですね。だから、売り上げがどんどん伸びているとか、拡大しているというのだけを評価の基準にするのではなく、協働というのは地域や社会にどれだけしっかりと根を下ろしながら、そこで働く人たちにとっても自分の会社が誇れるような、そういう企業をどうやって評価したらいいんだろう、と思いながら来たわけです。

PSC協働評価

1.（目的・ミッション） 何を実現するのか	➡ **達成度** 実現度・合致度・影響度
2.（自己分析・自己評価） 自分の足りないものは何か	➡ **満足度** 補完度・成長度・愉快度
3.（補完役割への期待） 相手に何を求めるか。その役割分担は	➡ **役割期待度** 分担感・助け合い度
4.（優先順位） 相手を選ぶ基準は何か	➡ **発展性** 発展性・継続性

その背景には、これまでは、NPOが、行政や企業から「評価される側」にいたんだけれども、実はそうじゃない。われわれも社会の中における企業とか、行政のあり方を評価しながらお互いにやっていける、そして地域や社会をよくしていく、という協働が、このパートナーシップ大賞の中から生まれてくれればいいな、というのが狙いだったんです。

だから企業にとっては「いい企業」という評価基準を持ってもらうこと。それからNPOにとっては、これまではミッションだけで突っ走っていたのを、NPOの組織や経営についても考えるようになっていく。それが協働の中身になっていく。実際には、ミッションの実現や自分たちの足りないものを、誰がどれだけ補完してくれるのかなど。

「PSC協働評価」は、2000年から2001年にかけて「パートナーシップ大賞」をやる前に考えた評価項目です。この中に「愉快度」と書いていますが、単に楽しいということじゃなくって、どれだけそのなかで成長できたかが、満足につながっていくのではないかと思っています。役割分担のなかで、それぞれの達成度や満足度、互いの期待を満たしていくことが大事だと思っています。

組織とともに、人も成長する

河井　成長ということが先ほども出てきました。組織としての成長だけでなく、人としての成長というのが大事なんだなと思います。その点では松浦さんの事業での高校生の成長はすばらしいですが、社員の方にも影響を与えているということですね。

松浦　高校生にだってこれだけできる、っていうことを知ると、社員は自分たちももっと頑張らないといけないと思う。技術開発の場合、優れた人と劣った人がいると、優れた人だけが残る。でも、ものづくりはそうではなくて、いろんな人のいろんな要素があることによって、共存していくということをうちの社員は知ったことで、チームワークが良くなりました。

それともうひとつ、行政も関わっているということで、高校生レストランの時は、岸川さんという人のパフォーマンスとか、民間のレストランを迫害しているとか批判されました。しかし、私のような企業が高校生と化粧品をつくったら、実は、単線が複線になることで、「高校生たちだけにまちづくりを任せておいていいのか」という人が出てきて、商工会とか行政と民間の交流がすごく増えてきた。そういう垣根がどんどん低くなってきた。これも高校生たちが起こしたひとつの社会革命ではないでしょうか。

地域やいろんな人が成長のきっかけをつくる

河井　協働するということは、企業があってNPOがあって、それぞれの中で人が成長する、ということだけど、それだけに終わらずに、それに関わる地域だとかいろんな人が成長のきっかけをつくっていくということですね。

松浦　そうそう。そこに何らかの影響力があって、先ほどの「めんどくささ」の連鎖というか。まちおこしでも、まちの自治会などでもずっと同じことをやっているんで、「めんどくささ」だけが頭に残ってしまう。

でも、新しい「めんどくささ」を社会の中につくることによって、新しい神経をその人たちに通わせて、それが組織を活性化させるというのが、このNPOと企業の連携の最大の成果になると思います。

岸田　その基本に地元の産品を使うというのがあるんでしょうね。

松浦　もちろん。これが、渋谷のファッションビルにいる子が作ったらこうはならなかったと思うんですよね。そこがまた愉快なとこじゃないですか。田舎で牛を育てている子が、真逆のコスメをやる。日も当たるし、土を触るから手も傷つく。そこを彼女たちは気にしていたんで、実用品をつくりたかった。よく聞けば泣かせる話です。

いろんな人の成長のスイッチを入れる

河井　いろんな人の気づきというか、カチッ、カチッとスイッチを入れているような、そんな協働になっているな、と思いますね。

松浦　だからこういうことをしていると、「松浦さん大変でしょ」とよく言われるんですが、僕、悔しいですよ。大変だけどおもしろい。ジグソーパズルをやる時も、大変だけど楽しんでやってるじゃないか、と。なぜ現実の社会づくりにおいてだけ効率だけ求めるのか、と経営者の人に言いたい。もっと社会に出て、自分の言葉でコミットしてほしいと思います。

河井　人の成長のスイッチがカチッと入ったりするのは、野田さんのところの活動ではどういうところで見られますか？

野田　私たちのところはまだ連携や協働が複雑ではないので、関わっている人の数もそんなに多くはありません。松浦さんのところではたくさんの人が関わっていますが。むしろ私のスイッチがはいったという状況。これから私がどのように他の人へスイッチを入れていけるのかが問われているのだと思います。

河井　でも、これまで粗品をもらっていたお客さんのスイッチを入れた、ということはないですか？

野田　まだそんなには……。

岸田　私から少しフォローすると、お客さんは粗品の代わりに野田さんたちのフィリピンでの活動の報告をもらいますよね。粗品の代わりに報告をもらうことで、お客さんは、居ながらにしてこれまでは考えなかった国際貢献をしている、世界とつながっている、という感覚が生まれるはずですよね。そこが大きいですし、それから当事者はアクセスさんと近畿ろうきんさんだけど、その周りにお客さんやフィリピンの子どもと親がいる。広がりが生まれているんですよね。私たちはそこを評価しました。

河井　岸田さんや松浦さんから「野田さん、あなた、スイッチ入れてるんだよ」という話だと思います。改めて考えると、野田さんどうですか？

野田　いやー、こんなすごい場に立たせていただいているんで頭が真っ白になっています。あとでじっくり実感しなくちゃ、と思います。

河井　そこは、単に現地の人がお金をもらって給食をつくれるようになりました、というだけなのか、それと、アクセスさんから、あるいは日本からの支援を受けながら、だからこそ私たちも頑張ろうという気持になっていくんですかね？

野田　それは確実にあると思います。基本的には国際協力はすべてそうだと思うのですが、自分たちに対し、外の人が関心を持ってくれていることそのものが､励みになったり支えになったりしている。それが、人の成長や変化をもたらしていると思います。
　それが、今まではアクセスがしてくれていると、地域住民は思っていたと思います。それが、もっと広く何千人もの人が応援してくれているんだという気持ちにはなっていると思います。というのは、近畿ろうきんさんがクリスマスカードをつくって送ったのを、村に貼りだしたりしたこともありました。目には見えないけれど応援してくれているんだ、という感覚は生まれていると思います。

河井　実はスイッチを入れていたんですね。では岸田さんから。

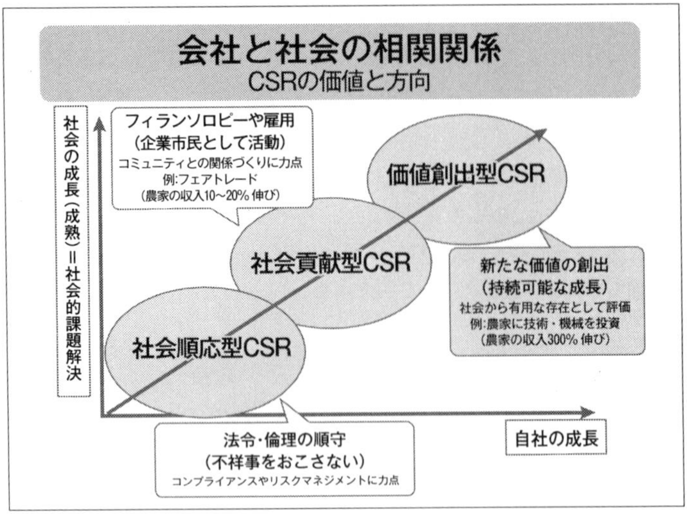

作成：岸田眞代　2012. 2

新しい価値を創り出す

岸田　だから、（上の図にあるように）、単にお金を出して社会貢献しましたというよりは、フィリピンのその地域そのものが自立していくための支援をしているわけであって、それはまさに新しい価値をつくり出していくという事業になっていると思います。

多分松浦さんもそうだと思うんですけれども、単に社会貢献ということではなくて、ホントにその地域をしっかり見据えながら、将来あるべき姿から、今を見ているのだと思います。

松浦　確かに、社会というものを中小企業の経営者が考えることはあまりない。何かしら解けないパズルというか、もやもや感は何だろう、と思った時に、うちの会社で言えば（売上が）何億という商品もあって、高校生たちとつくった商品が売れたと言っても、それほど大きな商品ではない。でもこの活動は、僕のビジネスキャリアの中でも極めて誇りに思っている、というか、誇りに思うようになったんですね。

経済学では会社の目的は利益極大化にあると言われている。もちろん利益が上がるものがいいんですが、この活動は、自分のプライドを高めてくれた。それは、その先にある社会というものを考え、会社として表明するきっかけになったのではないかなと。万協製薬は社会とともに歩いていきますということを言える商品になったんです。それが、ブランド商品を持たない私たちが、一番最初にもった商品が社会性のあるものでした。だから誇りが持てたんだと思います。

事業がプライドを生む

河井　すごい言葉が出てきました。こういう事業が、誇りとかプライドを、価値として生んでいくすごさを聞かせてもらいました。野田さんが行っている事業でもさまざまなプライドを生んでいると思いますが、自分自身も変わりましたか？

野田　私自身に関して言うと、それはすごく変わったと思います。これまでは目標とか目的とかあって、それに向かって一生懸命走ってきた。

でも誰とつながればもっといろんなことができるのかを考える余裕がなかった。NPOに関わらずかたちに捉われずに、同じ思いを持っている人たちがたくさんいる。その人たちとどうすればつながれるか、アイデアを共有できるか。もっと自由に発想するほうが上手くいくし、もっとわくわくできる。誰かの役に立ちたいと誰もが思っていると思いますが、もっとつながることでいろいろなことが実現できる。もっといろいろな人とつながらなくては、と思いました。

河井　人はパソコンの前だけで勉強してもなかなか成長できない。つながることってホントにめんどくさいですが、それが「成長する」ってことなんでしょう？

野田　絶対そうだと思います。私は人見知りのところがあるので、新しい人と出会う時には抵抗感があります。でも、そこを乗り越えた時にいいものができるんだということを、今回の経験ですごく感じました。そこに成長があるのだと思います。

岸田　それは、お互いだと思うんですね。私たちも調査したことがあるんですが、「協働で成長できたか」を聞いたら、協働がうまくいっているところはホントに成長できたとおっしゃるんですね。企業の人でも「大変できた」と「まあまあできた」を合わせると9割が成長できたというんですね。成長というのは、「売り上げが伸びた」というような成長だけではなくて、意識変化だとか、あるいは苦しいことがあるんだけれどそれを一緒に乗り越えていく。一緒に乗り越えたところにホントとの愉快さがあるんだと、私は思っています。それを愉しいと思える人たちが協働しているんではないかと思います。

NPOとの協働は、最高の社員教育

河井　始まる前に少しだけ打ち合わせをした時に、松浦さんが「こういう事業は、単にいいことしているとか、気持ちいいとかだけじゃないんだ」ということをおっしゃっていたと思うんですが…。

松浦　僕は会社の従業員は、会社の仕事だけでは成長できないと思っているんです。会社の社員が成長するのは、会社以外の人から会社以外のことで認められること。このことが社会から認められることだと思うんです。

例えば、うちの木村君という子が、休憩時間中にゴミを拾うという活動をしているんですね。「社長、こんな暑い日にごみ拾わしてたら、CS（顧客満足）は上がってもES（従業員満足）は下がりますよ」って、理屈っぽく言うんですよ。ある時、缶コーヒー持ってきて「これ前のおばあちゃんが、いつもありがとうってくれたんですよ」と言うんです。「おまえめっちゃ汗かいとったから違うか」と言ったら、「いや、そうじゃない。僕だからくれたんだ。僕のやってることがすごいから」って言うんです。「でもおまえ、ES下がるって言ってたじゃないか」と言ったんですが、そこから環境活動に目覚めて、日本環境大賞優秀賞いただいたんです。それこそ、そのおばあちゃんが缶コーヒー１本で、いわゆる彼の利益だけに走る生き方を変えたんですね。

これ、社長の僕が言っても変わらないですよ。僕はその時実感したんですよ。だから、仕事以外でいろんな目に遭わせてやることが、会社の務めなんじゃないか。だからこそ、NPOという組織とぶつかって新しい社会実現やることは、最高の社員教育になると思いますよ。

河井　冒頭で「わかりやすさ」の話が出ましたが、外にしっかり見てもらう仕組み、中でやってるだけじゃなく、ほめてもらいやすい仕組み、というのが必要かもしれませんね。

松浦　だから「パートナーシップ大賞」のように、第３者の評価を受けることによって、新しい気づきがある訳じゃないですか。これから発表される方は素晴らしい人ばかりだと思います。

僕はこの３〜４ヵ月審査員をやってきて、ホント苦しかったんですね。どの人も素晴らしいことやってるし、この場にいらっしゃる方はすでに素晴らしいことをやっておられます。しかしそこは、私たちのような第３者が見て、その言葉を聞いてもらうことによって、より実感できると思います。こういったコンテストは、すごく意味がありますね。

まとめ

河井　「パートナーシップ大賞」の評価には、「社会的インパクト」というのも大きな要素として入っている。それを踏まえて、岸田さんから、「社会的インパクト」あるいは「パートナーシップ大賞」の意義にからめながらお話しいただきたいと思います。

岸田　企業は営利を追求する組織、NPOは営利を目的としない組織、という相容れないと思われていた者同士が、協働することによって、地域や社会の問題解決ができるんだということを示すことが、このパートナーシップ大賞の大きな意義です。社会にインパクトを与えるという意味は、当事者だけでなく、地域や社会の人たちにとってもいかに有益なのかを示していくことが大切だと思います。

今日のプレゼンでもそういう点を意識して行っていただければと思います。

河井　白熱した議論で、まだお伺いしたいことはありますが、私から小さなまとめをさせていただきます。今日はコーディネーターとして出させていただいて、すごく勉強になりました。ストーリーが持っている重要性やそれがわかりやすさを生むこと。また、わかりやすさによって第３者から見てもらえる、それが自分や組織の成長につながっていく。そこにはめんどくささが実は大事なんだ、ということでした。

本来なら、先ほど話に出ていた多気町の行政職員や近畿ろうきんの営業マンの方についても議論できればと思いましたが、その時間はありませんでした。しかし、皆さまのなかから、「人の力」という言葉がたくさん出てきたと思います。協働というと組織と思いがちですが、今日のこの後の発表でも「人」というのがすごく大事だということが出てくると思います。どうやってしっかり人を成長させていくのかというのが協働のなかでも重要な意味を持つと思います。３人のパネリストのみなさん、今日はありがとうございました。

第Ⅲ部

データで見る
第10回日本パートナーシップ大賞

第1章 募集プロセスおよび応募一覧

1．第10回日本パートナーシップ大賞　募集プロセス

「第10回日本パートナーシップ大賞」の募集は、2013年6月1日から7月31日まで行いました。広報はパートナーシップ・サポートセンターからのメール配信のほか、全国各地域のNPO支援センターにチラシ配架のお願いをし、併せてWEBサイト、メールマガジン、SNS、情報誌、日本NPO学会のメーリングリストなど多くの媒体の協力を得て実施。新聞各社への広報も行いました。さらに日本NPOセンター、NPOサポートセンター、日本NPO学会、愛知県、名古屋市、株式会社オルタナ、中日新聞社からの後援を受け、積極的な募集活動を展開しました。

応募事業の選考を行う審査委員には、学識経験者、マスコミ、NPOの各代表と第9回日本パートナーシップ大賞グランプリ受賞者（企業）に就任いただき、パートナーシップ・サポートセンター代表理事を併せ計5名による構成となりました。審査委員長は前回に引き続き中京大学理事・総合政策学部教授の奥野信宏氏にお願いしました。

【第10回日本パートナーシップ大賞　募集要項】

(1) 趣旨

NPOと企業の協働を推進し、豊かな市民社会を実現しようと、2002年から始まった「パートナーシップ大賞」。全国のみなさまに支えられ、今回で10回目を迎えることとなりました。この間、NPOと企業を中心とした多様な主体の協働は、本事業を通じて社会のさまざまな課題解決の方法を示し、新しい公共や協働社会の実現に寄与してきました。全国からの注目度も増す中、地域や社会を動かし、よりインパクトのある協働事例の発掘を目指します。
協働で地域の課題解決に取り組んでいるNPOと企業のみなさま、この記念すべき第10回大会にぜひご応募ください。

(2) 各賞

■グランプリ1事業……NPOに記念盾と副賞30万円、企業には記念盾を贈呈
　NPOと企業との協働の推進に極めて高く貢献し、顕彰するにふさわしい協働事業
■準グランプリ1事業……NPOに記念盾と副賞10万円、企業には記念盾を贈呈
　NPOと企業との協働の推進に高く貢献し、顕彰するにふさわしい協働事業
■優秀賞3事業……NPOに副賞5万円
■その他特別賞

(3) 対象となる事業

日本に所在するNPO（法人格の有無不問、以下同じ）と企業の協働事業。（上記の協働に、行政・大学等多様な主体が関わった協働事業も可）

(4) 応募条件

①応募の時点で継続中および事業終了後１年以内のもの。自薦または第三者による推薦。ただし、どちらの場合も、NPOおよび企業双方の了解が得られていることを条件とします。

※協働事業ごとの応募となりますので、複数の協働事業についてそれぞれ応募することも可能です。

※事業所単位の応募も可能です。

②過去の「パートナーシップ大賞」入賞事業を除きます。

③応募事業については、事例集として作成する刊行物等に協働事業名、NPO名、企業名等を掲載させていただきます。

(5) 応募方法

応募用紙を、PSCホームページからダウンロード（Word形式）し、必要事項をご記入の上、下記「第10回日本パートナーシップ大賞」募集係宛てにE-mailまたは郵送にてお送り下さい。事務局よりE-mailまたはFaxにて受付完了の連絡をいたします。応募用紙のダウンロードができない方は、下記までご相談ください。

＊ご応募いただいた資料は返却いたしません。

(6) 選考の流れ

PSCによる「パートナーシップ評価」等に基づき第一次審査(書類)、現地調査、第二次審査を経て、最終審査により各賞を決定します。なお、審査の過程で、資料の提供ならびに取材をお願いする場合もあります。

(7) 審査委員（敬称略）

奥野　信宏（中京大学理事・総合政策学部　教授）
森　　摂（環境とCSRと「志」のビジネス情報誌「オルタナ」編集長）
松浦　信男（万協製薬株式会社 代表取締役社長）
※第９回日本パートナーシップ大賞グランプリ受賞企業
黒田かをり（一般財団法人CSOネットワーク理事・事務局長）
岸田　眞代（特定非営利活動法人法人パートナーシップ・サポートセンター　代表理事）

(8) スケジュール

募集期間　2013年６月１日(土)～７月31日(水)　18：00必着
第一次審査　2013年８月25日(日)
第二次審査　2013年10月27日(日)
最終審査＆表彰式　2013年11月30日(土)　14：00～
中京大学　ヤマテホール
名古屋市昭和区八事本町101-2
＊第二次審査を通過した事業は、当日プレゼンテーションを行っていただき、日本パートナーシップ大賞グランプリ・その他各賞を決定いたします。

【同日開催！】12：30～
日本パートナーシップ大賞10回記念シンポジウム
(PSC15周年記念)―あわせてご参加ください！

主催：特定非営利活動法人パートナーシップ・サポートセンター(PSC)
後援：日本NPO学会　(N)日本NPOセンター　(N)NPOサポートセンター　愛知県　名古屋市　(株)オルタナ　中日新聞社
協賛：トヨタ自動車(株)　(株)デンソー　万協製薬(株)　MS&ADゆにぞんスマイルクラブ　(株)アバンセコーポレーション　(株)ジェー・シー・エム　(公財)中部圏社会経済研究所
協力：中京大学

2. 第10回日本パートナーシップ大賞　応募事業の分野

今回のパートナーシップ大賞には、35件の応募がありました。これらの事業分野別内訳を右表に示します。分野については、応募の時点でそれぞれ応募者自身に選択していただきました。子ども向けに環境保全を伝える事例などは、環境保全の分野と子どもの健全育成に分類されるなど、活動分野が複数の分野にまたがる事例も多く含まれるため、延べ64件となっています。2012年４月に改正されたNPO法による活動分野20の東日本大震災関連事業を別に分類し、今回応募があったのは21分野中19分野となりました。

事業分野	件数	%
①東日本大震災関連	7	10.9
②環境保全	5	7.8
③まちづくり	9	14.1
④保健・医療・福祉	7	10.9
⑤子どもの健全育成	8	12.5
⑥職業能力開発・雇用機会拡充	4	6.3
⑦災害救援活動	1	1.6
⑧ NPO支援	2	3.1
⑨経済活動活性化	2	3.1
⑩国際協力	2	3.1
⑪学術・文化・芸術・スポーツの振興	5	7.8
⑫情報化社会の発展	1	1.6
⑬人権・平和	0	0.0
⑭社会教育	4	6.3
⑮男女共同参画	1	1.6
⑯地域安全活動	2	3.1
⑰科学技術振興	1	1.6
⑱消費者保護	0	0.0
⑲農山漁村・中山間地域の振興	2	3.1
⑳観光振興	1	1.6
合　計	64	100

応募事業の分野で見てみると、1番多かった活動分野は「まちづくり」

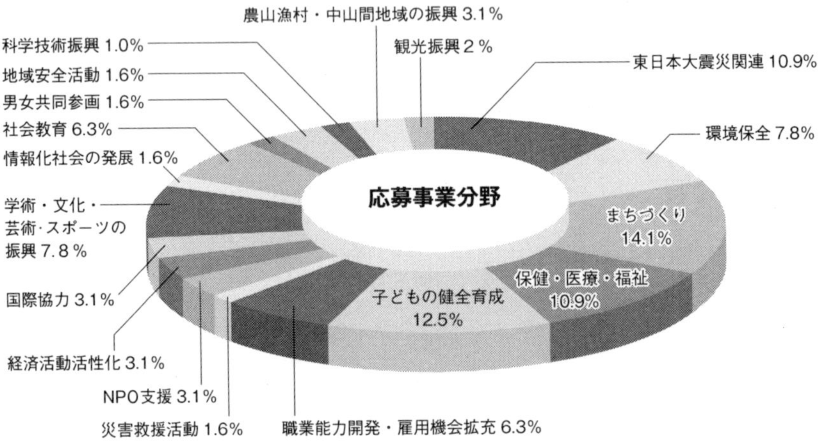

（９件）、次いで「子どもの健全育成」（８件）、「保健・医療・福祉」（７件）となりました。東日本大震災関連の協働事業も７件と３位に並び、被災地の子どもへの学習支援、文化活動などソフト面での支援や、産業復興、起業支援など、復興の過程で新たに出てきた現地のニーズに着目した、被災地支援活動が注目されました。

3．第10回日本パートナーシップ大賞　応募事業一覧

No.	協働事業名	分　野	実施企業	実施企業・その他の主体	所在地 NPO 企業
1	外で遊べない福島の子供の為の屋内公園事業	東日本大震災関連、保健・医療・福祉、子どもの健全育成	(認N)フローレンス	合同会社西友	東京都
2	水道水の使用状況を利用した見守り事業	保健・医療・福祉、情報化の発展、地域安全	(N)つくしん棒	北菱電興(株)	岐阜県 石川県
3	海苔パウダーを活用した食品の普及活動事業	まちづくり、保健・医療・福祉、子どもの健全育成	(N)みっくす	(株)鍵庄 神戸女子大学 橋本研究室	兵庫県
4	子どもアイミーブ体験プログラム事業	子どもの健全育成、環境保全、社会教育	(N)愛知レスキュー	三菱自動車工業(株) 名古屋製作所	愛知県
5	eラーニングによる「まなび場」の展開事業	東日本大震災関連、子どもの健全育成	(N)アスイク	(株)すららネット みやぎ生活協同組合	宮城県 東京都
6	みやぎ／ふくしまを走る移動図書館事業	東日本大震災関連	(公社)シャンティ国際ボランティア会(SVA)	ブックオフコーポレーション(株)	東京都 神奈川県
7	だっこしながらも社会参加！シュフ活部事業	子どもの健全育成、男女共同参画、職業能力開発・雇用機会拡充	おしゃべり広場ホッピング	(株)キャリア・ブレスユー	和歌山県
8	市民活動を応援する場と組織づくり事業	まちづくり、NPOの連絡・助言・支援	(N)ソムニード	大和リース(株)	岐阜県 大阪府
9	ペットボトルキャップリサイクル事業	保健・医療・福祉、環境保全、社会教育	ペットボトルキャップリサイクル作業所連絡会	淡海フィランソロピーネット	滋賀県
10	防犯防災BOX新みまもりロボくん展開事業	災害救援、まちづくり、地域安全	(N)地域情報支援ネット	ハイクラスドリンク(株)	大阪府 兵庫県
11	トヨタ・子どもとアーティストの出会い事業	東日本大震災関連、学術・文化・芸術・スポーツ、子どもの健全育成	(N)芸術家と子どもたち (一社)AISプランニング (N)アートNPOリンク	トヨタ自動車(株) 各地実行委員会・各地トヨタ自動車販売店	東京都 北海道 京都府 愛知県 宮城県

12	バリアフリー映画上映会事業	学術・文化・芸術・スポーツ、保健・医療・福祉、社会教育	シーンボイス浜松	(社福)浜松市社会福祉協議会グループ	静岡県
13	グリーフサポートプロジェクトおかやま事業	保健・医療・福祉、子どもの健全育成、人権・平和	(N)おかやま犯罪被害者サポート・ファミリーズ	㈱いのうえ（エヴァホール）	岡山県
14	SAVE JAPAN プロジェクト	子どもの健全育成、環境保全、NPOの連絡・助言・支援	(認N)日本NPOセンター、他61団体	㈱損害保険ジャパン 日本興亜損害保険㈱	東京都
15	中小企業魅力発見事業及びドリプラ沖縄事業	職業能力開発・雇用機会拡充、社会教育、経済活性化	(N)沖縄人財クラスタ研究会	沖縄ヤクルト㈱ 沖縄県 商工労働部雇用政策課	沖縄県
16	チョコレートで児童労働をなくす協働事業	国際協力、子どもの健全育成、その他（ソーシャルビジネス）	(N) ACE	森永製菓㈱	東京都
17	石見銀山・竹の杖デザインコンテスト事業	学術・文化・芸術・スポーツ、環境保全、観光振興	(N)緑と水の連絡会議	中村ブレイス㈱	島根県
18	NEC社会起業型ビジネスサポーター事業	東日本大震災関連、経済活性化、NPOの連絡・助言・支援	(N)サービスグラント	日本電気㈱	東京都
19	聴導犬育成支援・普及のプロボノ活動事業	保健・医療・福祉、NPOの連絡・助言・支援	(社福)日本聴導犬協会	日本GE㈱	長野県 東京都
20	NPOで高校生の夏ボラ体験事業	子どもの健全育成、NPOの連絡・助言・支援	(N)杜の伝言板ゆるる	河北新報社グループ・かほく「108」クラブ	宮城県
21	フィデアのチャリティージャム事業	国際協力、子どもの健全育成、人権・平和	(N)ムワンガザ・ファンデーション	㈱サンクゼール	長野県
22	講義内学生と企業双方向交流会推進事業	職業能力開発・雇用機会拡充	(N)学生キャリア支援ネットワーク	㈱アネシスコンサルティング 埼玉学園大学経済経営学部	埼玉県
23	市民テレビ局PACいちのみや事業	まちづくり、NPOの連絡・助言・支援	138NPO～一宮の市民活動育ちあいネット～	㈱アイ・シー・シー 一宮市企画部地域ふれあい課	愛知県
24	被災地の漁業復興事業	東日本大震災関連、経済活性化、農山漁村・中山間地域の振興	(N)オペレーション・ブレッシング・ジャパン	SAPジャパン㈱	宮城県 東京都
25	Kodomo Art Project事業	東日本大震災関連、子どもの健全育成	(N)子供地球基金	アスクル㈱	東京都

26	NECキッズ事業	学術・文化・芸術・スポーツ、子どもの健全育成、科学技術振興	㈷ CANVAS	日本電気㈱	東京都
27	NECネイチャークエスト in 芝公園事業	まちづくり、環境保全	㈷ Green Works	日本電気㈱ (公財)東京都公園協会	
28	地域協働型インターンシップ事業	職業能力開発・雇用機会拡充、観光振興、その他（伝統産業、地場産業の振興	㈷ G-net	㈲大橋量器 岐阜県労動雇用課 岐阜大学	岐阜県
29	通信教育事業	子どもの健全育成、保健・医療・福祉	㈷日本セラピューティック・ケア協会	㈱日総研出版	福岡県 愛知県
30	弥生の土笛～２千年の時空を超えて今蘇る～事業	学術・文化・芸術・スポーツ、子どもの健全育成、保健・医療・福祉	㈷子どもとともに山口県の文化を育てる会	下関商業開発㈱ 山口県教育庁特別支援教育推進室 下関市立考古博物館 山口大学教育学部美術教育彫刻研究室 梅光学院中・高等学校 萩オカリナ塾	山口県
31	エンゼルチームを全国へ事業	保健・医療・福祉	(一社)なごみの里	ダックス㈱	鳥取県
32	ひきこもり・就労困難者の社会復帰事業	職業能力開発・雇用機会拡充	㈷ Future Dream Achievement	㈱アイエスエフネット（アイエスエフネットグループ）	東京都
33	発達支援のための療育キャンプ事業	子どもの健全育成、保健・医療・福祉	㈷らるご子ども教育研究所	㈱ファミリ	愛知県
34	インド思春期女性に「健康な食」を事業	国際協力	㈷地球市民ACTかながわ／TPAK	味の素㈱	神奈川県 東京都
35	人と自然をつなぐ小さな循環いい暮らし事業	まちづくり、環境保全、社会教育	ベッタ会（３NPO）	積水ハウス㈱福岡マンション事業部 西部ガス㈱ 福岡市港湾局	福岡県

第２章 審査プロセスおよび評価方法

「第10回日本パートナーシップ大賞」の審査は下図のようなプロセスを経て行われました。

1．第一次審査

第一次審査では、応募書類や添付資料等に基づき、書類審査を行いました。協働事業の概要と成果、NPOと企業それぞれの組織について、１事業ずつ審議しました。事業内容については、目標設定、先駆性、協働度、達成度、成長度、インパクトの６項目について、各項目５点満点の５段階評価で点数化しました。

５名の審査委員は、自己採点をもとに、調査員の意見を参考にしながら、各事業の添付資料などにも目を通し審査を行いました。審議の結果、今回は８事業について現地調査を行うことに決定しました。（８事業については第１部参照）

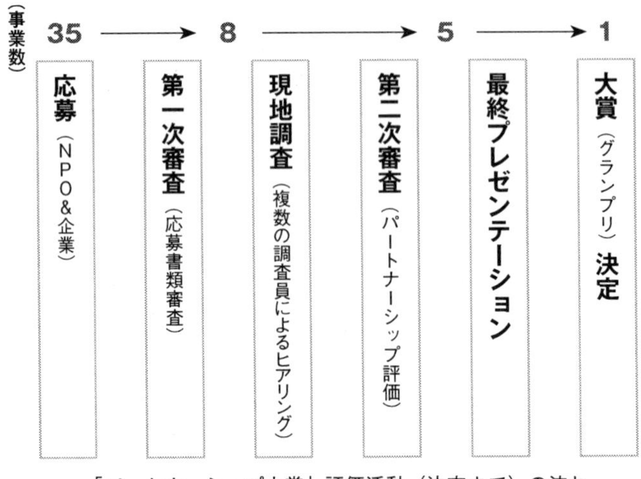

「パートナーシップ大賞」評価活動（決定まで）の流れ

2. 第二次審査

第一次審査を通過した８事業について、10名の調査員が、各事業に対し２名ずつ現地に入りました。NPO・企業双方に対し、それぞれ個別に取材調査を行いました。NPO・企業それぞれ別に「自己評価シート」に記入してもらった後、ヒアリングをし、調査員２名による評価について合議したのち「調査員用評価シート」(※いずれもPSC作成)を作成しました。

評価項目は、⑴目標設定　⑵経過　⑶事業結果　⑷社会へのインパクトの４つのフェーズで、計20項目により構成されています。

こうして調査員によってまとめられた８事業の評価結果を、第二次審査前日の運営委員会に持ち寄りました。評価のすり合わせを行い、過去の受賞事例との類似性、同分野における事業の先駆性、協働の対等性、事業分野や規模、地域などを総合的に勘案して、調査員案として第二次審査に提出しました。

第二次審査では、調査員による現地調査の報告をもとに、審査委員により８事業すべてについて、ひとつずつ協働の度合や事業の成果、さらには社会に与えた影響、今後の可能性など、丁寧に審議を行い、最終審査に進む上位５事業を選出しました。

3. 最終審査

最終審査は11月30日㈯、中京大学ヤマテホール（名古屋市昭和区）で行われました。

第二次審査を通過した５事業の企業とNPO双方の代表者が、15分間ずつのプレゼンテーションを実施しました。工夫を凝らしたプレゼンテーションは、聴衆を巻き込み、まさに甲乙つけがたい戦いになりました。最終審査は、第二次審査までの得点（200点満点）に、この最終プレゼンテーションの50点が加算され、計250点満点として評点がつけられました。

1）来場者による「参加者評価」

最終審査は、当日の来場者による「参加者評価」を行います。審査の公開性を高めると同時に、協働事業を評価する基準や方法について、来場者にも考えていただく機会として、毎回実施しているものです。

ただし、評価に参加できるのは、会場で５事業すべての最終プレゼンテーションを聞いた来場者のみです。事業内容と発表・表現力についてそれぞれ5段階評価の計10点満点の得点をつけた上で、「あなたが選ぶグランプリ」をひとつ選び投票していただきました。この参加者評価はすぐに集計し、参考情報として本審査中の審査委員に提供されました。

2）「第10回日本パートナーシップ大賞」グランプリの決定

参加者評価を考慮しつつ、審査委員による厳正な協議を経て、「第10回日本パートナーシップ大賞」グランプリには、長野県のNPO法人ムワンガザ・ファンデーションと株式会社サンクゼールとの協働事業「フィデアのチャリティージャム事業」が選ばれました。タンザニアで暮らす子どもたちが、等しく希望の光を見失うことなく生きていくことのできる未来を目指して、増え続けるエイズ孤児や身寄りのない子どもたちのための孤児院の建設や、運営維持等の支援事業を、日本人と結婚して長野で暮らすタンザニア人の女性が企業とともに行っている事業です。企業は、本人も参画して作ったチャリティージャム製品の販売で応援し続けています。

長野県からは2つ目のグランプリ受賞となりました。

最終審査は、最終プレゼンテーションと会場評価を加味し、審査委員それぞれの視点による議論が展開されましたが、実は準グランプリと同点というかつてない戦いに。最後は審査委員長に委ねられました。

その準グランプリが、NPO法人ACEと森永製菓株式会社との協働事業「チョコレートで児童労働をなくす協働事業」です。準グランプリとはいえ、まさにグランプリと互角の賞と言っても過言ではありません。NPOと企業が、チョコレートの原料カカオを生産するガーナで、児童労働をなくし子どもの教育支援を行っている事業です。

グランプリおよび準グランプリに入賞したNPO、企業のそれぞれに記念盾が贈られたほか、副賞としてグランプリNPOには賞金30万円、準グランプリNPOに10万円、優秀賞3NPOにそれぞれ5万円が贈呈されました。

また今回は、特別賞としてトヨタ自動車株式会社より「フィデアのチャリティージャム事業」に「トヨタスマイル賞」（副賞5万円）、株式会社オルタナより「チョコレートで児童労働をなくす協働事業」にオルタナ賞（副賞『オルタナ』年間購読10人分）が贈られました。

『第10回日本パートナーシップ大賞』
グランプリ・準グランプリ・優秀賞3事業

賞	協働事業名（実施地域）	協働事業内容
グランプリ	**フィデアのチャリティージャム事業** （長野県） **■NPO** (N)ムワンガザ・ファンデーション **■企業** ㈱サンクゼール	タンザニア孤児支援活動を行うフィデアさんへの共感と賛同から始まった事業。現地で暮らす人々とのパートナーシップを大切にしながら、子どもたちが等しく、希望の光を見失うことなく生きていくことのできる未来を目指し、増え続けるエイズ孤児や身寄りのない子どもたちのための孤児院建設、運営維持等の支援事業を、企業とともに行う。孤児たちが自立できる体力と意欲、学力と就業技術を身につけた人材に育つよう、ジャム製品が応援し続ける。
準グランプリ	**チョコレートで児童労動をなくす協働事業** （東京都） **■NPO** (N) ACE **■企業** 森永製菓㈱	NPOと企業が、チョコレートの原料カカオを生産するガーナで、児童労働をなくし子どもの教育を支援している事業。企業が「1チョコ for 1スマイル」の取り組みでチョコレート製品の売上の一部をNPOに寄付し、NPOがガーナで子どもの教育と零細なカカオ農家の技術向上を支援。2013年には、支援地域で栽培されたカカオを原料に使ったチョコレートを発売。生産者から消費者までが笑顔でつながる循環の仕組みを構築した。
優秀賞	**トヨタ・子どもとアーティストの出会い事業** （東京都・北海道・京都府・愛知県・宮城県） **■NPO** (N)芸術家と子どもたち （一社）AISプランニング (N)アート NPOリンク 他各地実行委員会 **■企業** トヨタ自動車㈱	人間関係が希薄になった社会で、子どもたちが、アーティストとの出会いを通じて自分や友達の新しい面を発見し、豊かな感性と夢を育むことを目的に、NPOと企業および全国12団体が連携して実施する次世代育成事業。学校・児童館など〈子どもがいる現場〉で、それぞれが抱える課題に応じたオーダーメイドのアーティストワークショップを実施。全国60ヵ所、5800人の子どもが参加。またこの事業から専門NPOが2団体誕生した。
優秀賞	**市民活動を応援する場と組織づくり事業** （岐阜県・大阪府） **■NPO** (N)ソムニード **■企業** 大和リース㈱	壊れかけた地域社会を立て直すことが、持続可能な社会づくりにつながるという点で一致した企業とNPO。ショッピングセンターの建設に当たって、地域活性化を支援する場を設置し、両者でNPO法人を設立した。市民と企業のマッチングを行うなど、行政ではできない活動で、まちづくりに新しい風を起こしている。さらに、この取り組みをモデルケースとして、同様の活動を全国各地に展開し、社会全体が元気になることをめざしている。
優秀賞	**eラーニングによる「まなび場」の展開事業** （宮城県・東京都） **■NPO** (N)アスイク **■企業** ㈱すららネット みやぎ生活協同組合	子どもの貧困率が15.7%という日本。これまでの学習支援はボランティアを大量に集めるモデルが中心で、質や規模的な広がりに限界があった。被災地で立ち上がったNPOが、eラーニングのベンチャー企業および生協と協働することで、この問題を克服できるモデルを構築。他地域のNPOへのノウハウ移転も広がりつつある。営利企業が、NPOと協働することで、本業の延長線上で社会問題の解決に取り組めている点も大きな特徴である。

特別賞

トヨタスマイル賞：より多くの人に笑顔をもたらした協働事業	
フィデアのチャリティージャム事業	■NPO (N)ムワンガザ・ファンデーション ■企業 ㈱サンクゼール

オルタナ賞：NPOと企業のコミュニケーションに優れた協働事業	
チョコレートで児童労働をなくす協働事業	■NPO (N) ACE ■企業 森永製菓㈱

3）総評

今回全国より35件の応募があり、我々審査委員は、運営委員と一緒になって今日まで何度も激論をいたしました。そして本日ご発表いただいた5件の事業を選ばせていただきました。本日、プレゼンテーションを拝見させていただき、採点をいたしました。会場の皆さまにも採点していただきました。それをルールに従って集計しましたら、1位と2位に、まったく差がなかった。こんなことは、はじめてのことであります。それでさらに審査委員で相談をしました。それでも決着が付かず、最後には投票をいたしまして、3対2でこのような結果になりました。その決め手になったのは、おそらくこの事業は、タンザニアを支援している事業ではありますが、フィデアさんのところが、日本の小さな地域において、直接地域づくりにも貢献をされている、その辺りが、最後の最後にわずかな違いになったと受け止めております。

今回、審査に携わって感じたことは、ひとつには企業とNPOの皆さまが、本当のパートナーシップとして、対等なパートナーとして、何か新しい発展を楽しんでいらっしゃる。シンポジウムで松浦さんが、NPOと付き合うと本当に面倒くさくて、しかし、そこから成長するというお話しでした。森永製菓さんも、いろいろ突きつけられたりして、成長するのだ、というお話でした。大変さを楽しんでいらっしゃるのだなあ、と感じております。

もうひとつに、企業とパートナーシップを組むことで、NPOの皆さまも社会的な信頼を得るようになった、というお話です。企業の皆さまも、随分いろいろなことを得ていらっしゃる。

私は、コミュニティビジネス、ソーシャルビジネスが、随分日本にも定着してきたと感じております。皆さまのこの事業が、コミュニティビジネス、ソーシャルビジネスであり、私はそれこそが、「しなやかに強い国を創るカギを握っている」そう強く感じております。

政府の方でも、これをどんな形でお手伝いできるのかを、全国から専門家が集まって議論を重ねているところです。本日は非常に勉強させていただきました。私もこれを活かしながら、また政府の専門施策の方でご支援できることがあればと思います。これからも、よろしくお願い申し上げます。　（奥野信宏・審査委員長あいさつから）

4. ミニトーク「調査スタッフから見たパートナーシップ大賞の裏側」

運営委員（調査員を兼ねる）として、第１回からパートナーシップ大賞に関わっているお２人に、お話しいただきました。

■面高俊文

パートナーシップ・サポートセンター監事。立教大学経済学部卒。日本電装株式会社（現、株式会社デンソー）入社。デンソー総務部長時代から企業の社会的責任とNPOとのパートナーシップ・協働の促進に取り組み、パートナーシップ・サポートセンター、アジア車いす交流センターなどのNPOの設立に参画。愛知県民間非営利活動促進に関する懇話会委員、愛知県行政評価委員会委員、愛知県市場化テスト監理委員会委員、愛知県ロードマップ208アドバイザーを歴任。2011年から愛知県行政改革の推進に向けた公開ヒアリング外部有識者委員。

第１回から調査スタッフを務めている面高俊文です。いただいたテーマは「パートナーシップ大賞の裏側」ですが、裏側というほど楽しい話はできませんので、私のホンネの部分を話させてもらいます。

冒頭に岸田代表から、このＰ賞（内部で使っている「パートナーシップ大賞」の通称）を始めるに至った経緯について話しがありましたが、私の話は1996年までさかのぼります。当時、私はデンソーに勤めており、企業が社会貢献を実行していくためにどういった取り組みをしていったらいいか、話し合っていました。そして、社会との関わりの中で今後はNPOとの関わりが避けられない。何とかNPOについて情報を得たいと、考えていた時に、この名古屋にNPOを海外で見てきて、それを話している人がいると聞いた。それが岸田さんでした。NPOの実態が知りたい、特に企業との関わりを知りたい、それが始まりでした。トヨタ、デンソー、アイシン＋αの10数人のチームで「企業とNPOのパートナーシップ・スタディツアー」に参加し、アメリカに視察に行きました。大変なショックを受け、そして勉強になりました。

その時２つのキーワードが頭にこびりついています。

ひとつはコミュニティインボルブメント。どこに行ってもこの言葉が出てくるんです。企業もしくは従業員の社会参加。社会の課題解決をするNPOとそれをサポートする企業。そしてそのサポートを通じて企業が社会に参加する。これが当たり前の姿というアメリカ社会を見せてもらって目からウロコでした。

もうひとつは、その企業とNPOが良い関係を作って社会を変えていく。そこにコラボレーションという言葉が使われていた。今でこそ当たり前に使われていますが、96年に初めて聞いたこの協働という言葉が、ともに社会の課題解決に向けてパートナーシップを組んでいる企業とNPOの双方で当たり前に使われている。こんなことが日本でもできるといいなと思いながら帰ってきたのが96年でした。

アメリカには企業とNPOを仲介し、パートナーシップを創造していくNPOがいっぱいありました。日本でも企業とNPOを仲介するNPOがあればと岸田さんを中心にPSCがスタートしたのが98年。NPO法がスタートする５ヵ月前です。今日の資料にPSCのリーフレットが入っています。PSCの理念は一言で言うと企業とNPOのコラボレーション・協働を創造することと発掘すること。この２つと言っていいと思います。そのための事業がいろいろ掲載されています。

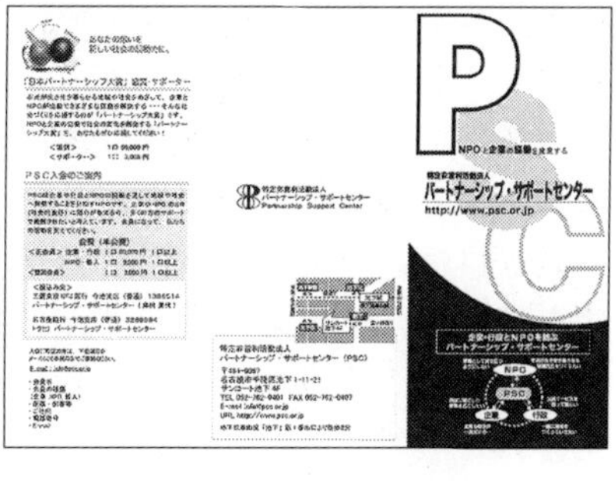

協働を創造する前に、まずは発掘しようということになり、協働事例の調査に取り掛かかりました。しかし、まだNPOはスタートして間もなく、また、評価されることへの抵抗も強く、好事例の発掘にはそれから４年の歳月を要しました。そして2002年、満を持してパートナーシップ大賞がスタートしました。この４年の間にたくさんの事例が生まれていました。第１回のグランプリとなった「飛んでけ車いす」も４～５年の実績を積んだ素晴らしい事例でした。第１回のプレゼンテーションに参加された方がどれぐらいいるかわかりませんが、現実にプレゼンを聞いた時は感動しました。こんな事例がもう日本にあるんだ、そして、それを皆さまに紹介できること、そのことがとても喜びとなりました。この感動と喜びが我々のモチベーションの源泉です。

そして、今回10回目を迎えることができました。

3回目までは1年半に1度、4回目からは毎年開催。2002年から開催して、今年10回目の開催となり、10事例目のグランプリが発表されます。

このP賞の進め方については、第9回の事例集が今日発売されていますが、ここに進め方やどうやってグランプリが決まるか、など書いてあります。

厳しい評価基準と、特に、調査の経緯を知っていただきたい、もちろん事例もご参照いただければと思います。

毎年30強ぐらいの応募があり、大体10事例＋αに絞られ、最終選考会では9回までは6事例、今回は5事例の発表となります。急に審査が厳しくなったのではなく、今日は裏側を話すということなので、本音はPSCの財政が苦しくなった、それが理由です。

これまで、第一次審査を突破したのが、今回で110事例を超えたと思います。調査員が各々現地に赴き、実際に応募書類通りの活動が行われているかどうか、また、応募書類に書きこまれていなかった何かアピールするポイントがないだろうか、などを伺って、第二次審査に臨む、そんなシステムをとっています。

現場に足を運び、現地でお話しを伺う、それを何よりも大切にしているのが、このP賞の最大の特徴だというふうに思います。

調査員は、例えば10事例を調査することになると、10人が2人ずつペアを組んで、2事業の調査に行きます。同じ人ではなく、違う人とペアを組みます。そうすると、1人ひとりが2事業の比較をして、どちらが自分にとって高い評価か判定します。そしてみんなが2ヵ所違う所にいくのでそれを組み合わせると、大体序列ができる。それを審査委員に提供して真剣な討議をし、5事例を選んでいただいた。これが入賞事例ということになっています。ものすごく調査員は真剣にインタビューをします。なぜなら、この事例集発行のための原稿を書かなくてはいけないからです。写真を撮ったり、テープに取ったりしながら、いろんな資料をいただいて原稿を書きます。これは全部調査員が書いています。私も10事例の原稿を書かせていただきました。つい最近、大阪にいる高校時代の友人から8年振りに電話がありました。労務士の友人で、大阪でNPOの設立から経営に関わるコンサルを始めたそうで、NPOのことを勉強しようと思ったら、この本(第8回事例集)を薦められたとのこと。5つのステージとその解説をしている。これを読めば非常に理解が早いですよと言われたそうで、ついでに事例を見たらお前の原稿が載っている。この本の「キレイの力で復興支援りびボラ事業」の記事を読んで大変感動したそうです。で、その知り合いのNPOにもうひとつ何かないか、と聞いたら、第3回の事例集を紹介された。グランプリは私が執筆した「ビーチクリーン作戦&子ガメ放流会」の事例で、それを読んですごく感激した、そして我慢できずに電話したとのことでした。そういう話を聞くとなかなか調査員をやめられなくなってしまいます。無償のボランティアで、どれだけ時間を費やしている事か。事務局からは納期が遅い、直しが多いと言われ、裏取りがどうなっているかなど厳しいチェックが入ります。そういう中でそれに耐えながら10回原稿を出稿してきました。今日は全部販売しています。みなさん、興味のある事例が載っている事例集をぜひご購入ください。

あんまり裏話になりませんでしたが、これから裏話が始まりますので、杉田さんにバトンタッチします。

■杉田教夫

パートナーシップ・サポートセンター会員。2005年、損害保険会社を早期退職し、2011年4月まで特定非営利活動法人パブリックリソースセンターで主に社会的責任投資に関わる企業の調査・評価に携わった。現在、長野県茅野市で野菜作りをしながら、特定非営利活動法人労働相談センターにおいて、全国からのさまざまな雇用問題に関する相談に対応。

みなさん、こんにちは。運営委員の杉田です。10名以上の運営委員の中で、面高さんと私がこのミニトークを担った理由は、年齢順です。高齢者から順番に行くと、面高さん、そして私ということになります。2

番目に話すのは大変です。打合せをしてないので、面高さんが話してないことを、しかも長引くかもしれない審査が終わるのに合わせてちょうど終わらせるように話すのですから。

少し写真を用意しました。私はかつて損害保険会社に勤務していました。私も96年に岸田さんにお会いしました。当時、東京本社の人材開発部におり、社員研修を行っていて、たまたま岸田さんに研修をお願いすることになり名刺交換しました。そこにNPOという文字があったのです。私は社会貢献に興味があったので、はじめてNPOに関係する人に出会って大変嬉しく思いました。ところが、2年後名古屋に転勤することになり、東海地方の社会貢献活動を責任をもってやる立場になった。喜び勇んで名古屋に来ましたが、どうしていいかわからない。その時にちょうど岸田さんがNPOを立ち上げるという話を聞きました。それが98年でした。その設立の会合に出かけて行ってはじめてPSCを知り、その活動に参加しようと思ったのです。

この写真は、私が勤務していた名古屋のビルの1階喫茶室です。一般の業者が運営していたのですが、採算が合わないということで撤退してしまい、その後どうするかと考えていたが、岸田さんに相談し、NPOとパートナーシップを組んで、この喫茶の運営をできないかということで、話が始まりました。

岸田さんのコーディネートで、三重県の喫茶運営の経験のあるNPOと組んで、女性の働き場としてや、障害者の方の働きの場を作ろうということで、当時、聴覚障害の方、その後知的障害の方に来ていただいて、NPO喫茶カフェアイリスを実現し、現在に至っています。15年前のことでP賞もできてないころのこと、今に至るまでPSCはこの事業についてコーディネートを続けてくれていて、NPOと会社とPSCの三者で運営会議を行い、この喫茶の運営をずっと続けてくれています。PSCは、企業とNPOの協働を推進するというのが役割ですが、自らも実践者として15年前から今も継続しているということです。

さて、運営委員として毎年、応募事業の調査を担当して、私が最も重視しているのは「協働の現場を見る」ということです。いくつかの事例でお話しします。

第5回の調査の時の写真です。「温暖化防止・全国環境教育」事業。

NPOは気象キャスターネットワーク、企業はシャープです。小学校に対して地球温暖化やリサイクルの問題についての環境教育をする。これは小学校での現場です。普通の酸素と二酸化炭素を加えた時とどっちが早く温度が上がるのかの実験を生徒たちが実践し、二酸化炭素が増えると地球温暖化が進むよ、ということを身をもって勉強してもらおうというものです。テレビで活躍しているニュースキャスターとシャープの社員が授業を行います。

ユニークなNPOです。気象キャスターは昔はテレビの現場では地位が高いわけではなく、天気予報を読み上げるという立場だったが、それだけでは地位向上につながらないということで、みんなで切磋琢磨し、勉強し、温暖化の問題や気象の問題についてレベルを高め、そして自分たちの社会的地位も高めようという活動をしています。同時に持っているノウハウ、特技～人前で話す、教えることを小学生に対しやっていこうということです。現在は決してその地位が低いということはないが、かれらの活動が貢献している部分もあると思われます。

評価のための調査とは別の日に実際に小学校に出かけて行って、授業を体験したものです。

これは第6回。「遠野ツーリズム体感合宿免許プログラム」事業。岩手県の遠野の自動車学校が経営している田んぼです。自動車学校が農業をする。農業支援をNPOが行っている。トマト、椎茸、お米を作っている。自動車学校は構造不況の業種。子どもが減っているからなかなか生徒を獲得できない。また同時に、春休みや夏休みにはいっぱい来るが、それ以外の時は生徒が減って手が空いてしまう。非常に雇用が不安定となります。きちんとした社員の育成ができないので、遠野ドライビングスクールでは、手の空いた時間に農業を会社の主要な仕事として立ち上げました。自動車学校とNPOが一緒に稲の具合をみている。そして米を売ったりして収益源にもなっています。現場に出かけて、現場を見ることで、実際にどのような協働が行われているかがわかり評価の参考になる。

第8回、2011年の秋に調査に行った「まごころの郷」事業です。第6

回のNPO、遠野まごころネットが中心となって、遠野のリゾート開発企業と協働で震災復興支援をしているものです。その現場の写真です。遠野は岩手県の内陸で、そんなに大きな被害は受けなかった。なので、海岸沿いの大きなダメージを受けた地域の支援をしようと、遠野に拠点をおいて、陸前高田や大槌町を支援している。仮設住宅にいる方々が交流したり、仕事を作ったりしている。毎日毎日片道1時間半かけて、たくさんのボランティアが現地まで出かけて支援している。往復3時間の道のりを一緒に体験してみないとわからないということがあって、現場重視でやっています。

次に運営委員会・審査委員会の実態についてです。

運営委員会は審査委員会と違って、企画から運営全般にかけて、年間を通して何度か開き、10名ぐらいの運営委員が喧々諤々と検討しながら、次のパートナーシップ大賞の運営をどのようにしようか、審査基準は見直しが必要ではないか、どのようにたくさんの人に応募をしてもらう仕組みを作ろうか、お金の問題をどうしようかなど、いろんな問題についてここで会議を開いて決めています。

審査委員会はどんなふうにやっているかというと、今、審査委員さんがいないから話しますが(笑)、これは何年か前の写真ですが、前の方に審査委員が座り、後ろに座っているのが運営委員です。5～6人の審査委員が審査をするのですが、運営委員会で運営委員が調査をしてきているので、調査の結果を報告し、また、我々なりの評価も出します。そして審査委員に審査をしてもらうということなんですが、こういう形でやっているので、審査委員は運営委員に監視されている形で審査します。実は監視しているんですね(笑)。審査委員の方が、間違ったことなんか言ったら、だまっていられなくて、それは違うよと、喧々諤々と論議をしたりしてやっている。だから審査委員の方もなかなか大変だなと、思います。

運営委員のメンバーは私や面高さんのように実践経験でやっている人もいますが、大学の先生も何人も入っているので、なかなかシビアな意見交換をしてやっています。

最後に、私なりに考えているこれからのパートナーシップ大賞のあり方について、あくまで私の個人的な意見ですがお話しします。

ひとつは本質から目を背けない活動がもっと出てこないだろうか、ということ。企業にはそれぞれ本質的な役割があると思う。その本質的な部分を、NPOと組むことによって、どのように変えていくのか、変えていこうとするのか。そこがもっともっと評価されてもいいのではないかと思います。もちろんいろんな活動に企業が手を差し伸べて、一緒に取り組むことも大変貴重で大事なことですけど。パートナーシップ大賞のあり方として、そういう面がもっともっとこれから大事でないかと思う。

2つ目は、本当に社会的課題の解決につながるのかどうか。困っている人がいて、それを助けるということは大変大事なことですが、では、どのように困っている人を出さないようにするのか。そういうことがあってこそ、社会的課題の解決になっていくと思うので、もっとそういうことにつながる事例を発掘していけたらいいと考えています。

3つ目はNPOとの協働によって、企業が本業そのものを革新したり、新しく作り出す、そういう活動がもっともっと評価されていいと思います。そういう事例をもっと発掘していきたいと思います。長年やってますが、最近少しそういう傾向が出てきているのではないかと思います。今日プレゼンをした中のいくつかも、若干そういうことに関わるような、本質的な部分に触れるような事例があって、大変嬉しく思っています。そんなところがこれからのＰ賞のあり方として、私が考えるところです。

5.「第10回日本パートナーシップ大賞」を終えて

皆さま、本日は長時間に渡って、記念シンポジウム、第10回日本パートナーシップ大賞にご参加いただきまして、ありがとうございました。本日は、全国遠くからもご参加いただいている方がたくさんいらっしゃいます。心から感謝申し上げます。

最終審査、最終プレゼンテーションの5事業の皆さま、本当にお疲れ様でした。本当に素晴らしい、どれひとつとっても甲乙つけがたい、素晴らしい事業だったと思います。我々 10回行って来ましたが、毎回この審査というのは本当に苦労します。最後の最後で逆転することもあれば、今日は最後まで同点でした。それでもグランプリ、準グランプリは決めさせていただいたのですが、まさに甲乙つけがたい事業だったと思います。

そういう意味では、先ほど奥野委員長が言ってくださいましたように、NPOと企業の協働が、日本を創っていく、しなやかな日本を創っていく、その支えになっていく、そういった事業になって行けばいいなあと思います。今日は残念ながらグランプリがとれなかった事業の皆さまも、今日が終わりではありません。協働はこれからもずっと続けていっていただきたいと思いますし、私どももまたずっと見続け、見届けて行きたいと考えております。ぜひ今後とも我々とともに協働を進めていっていただければと思います。

また、受賞された皆さまはじめ、ヒアリングにうかがったそれ以外の事業の方もたくさんいらっしゃいますし、本日シンポジウムにご登壇いただきました野田さん松浦さんそして、奥野審査委員長はじめ、3回の厳しい審査に付き合っていただきました審査員の皆さま、本当にありがとうございました。ご協賛いただきました企業の皆さま、ご後援いただきました皆さま、そして今回も多大なるご協力をいただきました中京大学様にも心から感謝申し上げます。

またこの間、パートナーシップ・サポートセンターを内側から支えてくださった、今日も裏方でいろいろと働いてくださった運営委員のみなさん、そして更に影で支えてくださった、ボランティア、インターン、スタッフの皆さま、第10回という記念すべき本日一日を共有できましたことを、共に喜びたいと思います。

次回以降は、どんな形になるかまだ見えてない部分もありますが、また違った形で皆さまとお目にかかれるかもしれません。
ともかくも、第10回という１区切りとしての、私どもの責任を一応果たしたのかな、と思っております。ご協力いただきました皆さまに心から感謝を申し上げ、また皆さま方のご健康とご活躍を心から祈念いたしまして、閉会の挨拶とさせていただきます。
本当にありがとうございました。

（岸田眞代・主催者代表閉会あいさつから）

■筆者紹介（50音順）

河井　孝仁　Kawai Tkayoshi

パートナーシップ・サポートセンター理事。東海大学文学部広報メディア学科教授。博士（情報科学）。専門は行政広報論（シティプロモーション）、地域情報論。名古屋大学大学院情報科学研究科博士後期課程満期退学。公共コミュニケーション学会会長理事。日本広報学会常任理事。総務大臣委嘱地域情報化アドバイザーなど。著書に『シティプロモーション 地域の魅力を創るしごと』（東京法令出版）、『地域を変える情報交流 創発型地域経営の可能性』（東海大学出版会）など多数。http://www28.atwiki.jp/tacohtk/

高浦　康有　Takaura Yasunari

パートナーシップ・サポートセンター会員。東北大学大学院経済学研究科准教授。一橋大学大学院商学研究科博士課程退学、専攻は企業倫理。学内外で企業の社会的責任、企業とNPOのアライアンス関係、ソーシャル・ベンチャーなどについて幅広く教育および研究活動を行なっている。日本経営倫理学会理事。

手塚　明美　Teduka Akemi

パートナーシップ・サポートセンター会員。認定特定非営利活動法人藤沢市市民活動推進連絡会理事／事務局長。一般社団法人ソーシャルコーディネートかながわ代表理事。1998年NPO法の制定をきっかけに、それまでの地域活動と社会教育活動によって培われた経験を生かし、NPOの支援を通じたまちづくり団体の創設に参画。2001年より神奈川県藤沢市のNPO支援センターのセンター長を務める。NPO支援の在り方を柱に、情報収集と発信を進め、非営利組織のマネジメント支援、CB・SB等の起業支援を中心に活動してきたが、最近ではNPOと他セクターとの協働及びSR推進に取り組んでいる。

津田　秀和　Tsuda Hidekazu

パートナーシップ・サポートセンター会員。愛知学院大学経営学部教授。名古屋大学大学院経済学研究科博士後期課程修了。専攻は企業論（コーポレート・ガバナンス論）。「企業と社会」論、CSR論の観点からコーポレート・ガバナンスを中心に企業のあり方を考察する。多主体間での相互行為から形成される企業行動のメカニズムの解明、およびケースを用いた教育手法に関心を持つ。日本経営学会、経営行動研究学会、日本コーポレート・ガバナンス・フォーラムなどに所属。日本物流学会理事。

長谷川　直哉　Hasegawa Naoya

パートナーシップ・サポートセンター会員。法政大学人間環境学部教授、同大学院公共政策研究科環境マネジメントコース長。横浜国立大学大学院国際社会科学研究科博士後期課程修了。博士（経営学）。専門はCSR論、CSR金融、経営倫理、経営史。㈱損害保険ジャパンにおいてSRIファンドの企画・運用に従事。中央大学大学院、芝浦工業大学大学院兼任講師、環境経営学会（理事）、環境経済政策学会、日本経営倫理学会などに所属。著書に『環境経営学の扉』（共著・文眞堂）、『生態会計への招待』（共著・森山書店）、『スズキを創った男 鈴木道雄』（単著・三重大学出版会）など多数。

藤野　正弘　Fujino　Masahiro

パートナーシップ・サポートセンター会員。54歳の時に外資系企業を早期退職してNPOの世界に飛び込む。特定非営利活動法人きょうとNPOセンターに勤務し、事業企画やマネジメントに関する相談を通してNPO支援を行うとともに、中小企業のNPOを応援する目的でCSR

サポートデスクを運営し、2012年10月末で同センターを定年退職。また、企業とNPOのパートナーシップをサポートする活動の一環でCSRを研究テーマとし、2007年に龍谷大学法学研究科修士課程修了。他に認定特定非営利活動法人きょうとグリーンファンド理事、京都府「明日の京都委員会」委員。

横山　恵子　Keiko Yokoyama

パートナーシップ・サポートセンター会員。関西大学商学部教授。北海道大学大学院経済学研究科博士後期課程修了。博士（経営学）。CSR戦略、企業とNPOの戦略的協働についての研究および教育活動を行っている。著書に『企業の社会戦略とNPO』（単著、白桃書房）、『新しい公共空間のデザイン』（共著、東海大学出版会）等がある。

校正：杉田　教夫（P.113参照）
編集：山崎　恵美子（パートナーシップ・サポートセンター）

〈編著者紹介〉
岸田 眞代　Kishida Masayo

特定非営利活動法人パートナーシップ・サポートセンター(PSC)代表理事。大学卒業後、商社勤務、新聞・雑誌記者、経営コンサルタント会社等を経て㈲ヒューマンネット・あい設立。「リーダーに求められる要件・能力200問(自己分析)」を開発。企業・行政研修講師。1993年NPOと出合い、94年名古屋で初のNPOセミナー開催。96年「企業とNPOのパートナーシップスタディツアー」を企画実施。98年パートナーシップ・サポートセンター(PSC)を設立。2000年「パートナーシップ評価」発表。2002年には「パートナーシップ大賞」を創設した。各種行政委員歴任。
編著書は「パートナーシップ大賞」第1回～第9回事例集(巻末書籍紹介参照)、『中小企業の環境経営』(サンライズ出版　2010.3)ほか、「企業とNPOのためのパートナーシップガイド」「女が働く　均等法その現実」「中間管理職―女性社員育成への道―」等多数。
中部経済新聞に「企業とNPO　企業が伸びる　地域が活きる」を連載。

[連絡先]
特定非営利活動法人パートナーシップ・サポートセンター (PSC)
〒464-0067　愛知県名古屋市千種区池下 1-11-21　サンコート池下２階
TEL：052-762-0401　FAX：052-762-0407
E-mail：kishida@psc.or.jp　URL：http://www.psc.or.jp

「第10回日本パートナーシップ大賞」受賞事例集
「協働」は国を越えて

2014年９月30日　第１刷発行
2014年12月１日　第２刷発行

編著者　岸田　眞代

発行所　特定非営利活動法人パートナーシップ・サポートセンター (PSC)
〒464-0067 名古屋市千種区池下 1-11-21　サンコート池下２階
TEL：052-762-0401

発　売　サンライズ出版
〒522-0004 滋賀県彦根市鳥居本町655-1
TEL：0749-22-0627

ISBN978-4-88325-549-8

「第６回パートナーシップ大賞」受賞事例集

NPO＆企業 協働の10年 これまで・これから

定価：1,400円＋税

デザインによる地域の防災力向上、百貨店内への子育てひろばの設置など、特色あるNPOと企業の協働事例を顕彰する「パートナーシップ大賞」の第６回受賞事例を紹介。過去のグランプリ受賞者が一堂に会したパートナーシップ・サポートセンター創立10周年記念シンポジウムの模様も収録。

（サンライズ出版　2010.12）

「第７回パートナーシップ大賞」受賞事例集

NPO&企業 協働評価 目指せ！「パートナーシップ大賞」

定価：1,400円＋税

第７回パートナーシップ大賞グランプリに輝いた「モバイル型遠隔情報保障システム普及」事業をはじめ、「車椅子用雨カバー『ヌレント』開発」などユニークなNPOと企業の協働事例を紹介。第２部では、入賞を果たせなかった応募事業に対するコンサルティングの記録を収録し、「パートナーシップ大賞」入賞のポイントを紹介。

（サンライズ出版　2011.10）

「第８回パートナーシップ大賞」受賞事例集

NPO ＆企業 協働のススメ

定価：1,400円＋税

第８回パートナーシップ大賞受賞団体の事例を一挙紹介。震災後初の応募事例は格段にレベルが向上していることを本書で実証し、併せて、NPOと企業の協働推進の関わるＱ＆Ａも収録。

（サンライズ出版　2012.12）

「第９回日本パートナーシップ大賞」受賞事例集

企業が伸びる 地域が活きる 協働推進の15年

定価：1,400円＋税

第９回パートナーシップ大賞受賞の事例を収録。同時に「NPOと企業の協働」の推進をミッションに掲げ創立したNPO法人PSCの15年の足跡をたどる。協働事業を集約し、現地調査も踏まえて優れた事業を表彰してきた経緯も振り返る

（サンライズ出版　2013.11）

東海地域における循環・環境配慮型地域社会構築のヒントとなる１冊

中小企業の環境経営 地域と生物多様性

定価：1,200円＋税

愛知県下の中小企業における社会的貢献と活動事例を収録。CSR活動のスピード性、地域へのひろがりなど、環境経営は中小企業だからできるという強みも持ち合わせている。名古屋商工会議所作成の環境行動計画も付記し、バラエティとバイタリティに富んだ東海地域における循環・環境配慮型地域社会構築のヒントとなる１冊。

（サンライズ出版　2010.3）